Amerikas Macht ist weltweit unangefochten – aber Glanz verbreitet sie nicht. Josef Haslinger hat die USA über ein Jahr lang bereist. Sein Fazit ist ernüchternd: Ohne die Liberalität des Landes zu verleugnen, beschreibt er dessen soziale, kulturelle und wirtschaftliche Misere. Eine aktuelle Bilanz, die die Augen öffnet für ein anderes Amerika: Haslinger beschreibt den Höhenflug des amerikanischen Selbstwertgefühls nach dem Sieg im Golfkrieg, aber auch dessen Niedergang angesichts des inzwischen unübersehbar gewordenen wirtschaftlichen Desasters der USA, er analysiert die traditionelle Hingabe der Amerikaner für Prediger, Wunderheiler und Seelenmänner und folgt den Spuren der Auseinandersetzungen um »politisch korrektes Denken« (Political Correctness) an den amerikanischen Universitäten.

Josef Haslinger, 1955 in Zwettl (Niederösterreich) geboren, lebt in Wien als freier Schriftsteller. Er veröffentlichte bei S. Fischer den erfolgreichen Roman *Opernball* (1955) sowie in der Collection S. Fischer den Essay *Hausdurchsuchung im Elfenbeinturm (Bd. 2388).* Im Fischer Taschenbuch Verlag lieferbar sind sein Essay über Österreich *Politik der Gefühle* (Bd. 12365) und die Erzählungen *Der Tod des Kleinhäuslers Ignaz Hajek / Die mittleren Jahre* (Bd. 12917).

Josef Haslinger

Das Elend Amerikas

11 Versuche über ein gelobtes Land

Fischer Taschenbuch Verlag

22.–23. Tausend: März 1997

Originalausgabe
Veröffentlicht im Fischer Taschenbuch Verlag GmbH,
Frankfurt am Main, Juni 1992

© Fischer Taschenbuch Verlag GmbH,
Frankfurt am Main 1992
Umschlaggestaltung: Buchholz/Hinsch/Hensinger
Umschlagfoto: Josef Haslinger
Gesamtherstellung: Clausen & Bosse, Leck
Printed in Germany
ISBN 3-596-11337-7

Gedruckt auf chlor- und säurefreiem Papier

In Erinnerung an Hans Zeisel

What happens to a dream deferred?
Does it dry up
like a raisin in the sun?

(Langston Hughes)

Inhalt

Land der tausend Monaden

Die Menschen

Der unantastbare Freiraum, den die Menschen in zivilen Umgangsformen einander zugestehen, ist in den USA deutlich größer als bei uns. Man merkt das zunächst an Kleinigkeiten, aber die summieren sich zu einer anderen Atmosphäre. So wunderte ich mich, wie breit die Gänge in den Supermärkten sind, und es belustigte mich, daß sich die Menschen, wenn sie einem auf zwei Meter nahe kommen, zu entschuldigen anfangen. Solange, bis ich es selbst tat. Es mag eine übertriebene Höflichkeit sein, aber im nachhinein, als mir an der Billa-Kassa die ersten Einkaufswägen auf die Achillessehne auffuhren, wußte ich sie richtig zu schätzen.

Die britische Tugend, selbst bei langen Warteschlangen jedem Menschen seinen eigenen Raum zu gewähren, ist von den Einwanderern in die USA mitgebracht worden. In Oregon traf ich Rudi Nussbaum, einen aus Deutschland gebürtigen Physiker. In der Nazizeit ist er im holländischen Untergrund fast verhungert. Er und seine Frau Laureen kamen gerade von einer längeren Europareise zurück. Rudi sagte:»In den letzten Monaten haben wir uns von den Wilden genug abtrampeln lassen, jetzt genießen wir wieder die Zivilisation.«Ich muß gestehen, das hat gesessen.

Im mittleren Westen streiten sich die Autofahrer an den Kreuzungen, wer als letzter fahren darf. Wollte ich an irgendeiner Stelle die Fahrbahn überqueren, hielten die Autos an. Nach dem Rückflug hatte ich noch eine Strecke mit dem Zug zurückzulegen. Ich fragte einen Bahnbediensteten, wo ich am besten meine Koffer verstauen könnte. Statt einer Auskunft erhielt ich eine Moralpredigt, daß ich so viele Koffer gar nicht haben dürfe. Und als ich in Wien meine erste Ausfahrt mit dem Wagen unternahm, schnitt einer in die Parklücke hinein, auf die ich gewartet hatte. Da wußte ich, jetzt bin ich wieder zu Hause.

Ist die Freundlichkeit der Amerikaner, ihr Zuvorkommen, ein Hinweis auf die Liberalität des Landes? Mir war aufgefallen, daß es unter Amerikanern, trotz ihrer Vorgeschichte der Eroberung und Vernichtung, eine größere Bereitschaft gibt, andere so, wie sie sind

oder sein wollen, gelten zu lassen. Das Land der europäischen Aus-
wanderer hat nach wie vor Platz für eine erstaunliche Vielfalt von
Kulturen.

Es gibt Gruppen, wie die Amish, die haben jahrhundertelang um
das Recht gekämpft, fromm und »dumm« bleiben zu dürfen.
Schließlich wurden ihnen eigene Schulen zugebilligt, in denen sie
außer Bibellesen und ein wenig Schreiben nichts von dem lernen,
was wir für Bildung halten.

Oder es gibt Gruppen, die sich immer schon von jeder Art Militärdienst ausschlossen. Als während des Golfkrieges laut über eine
Zwangseinberufung nach dem Zufallsprinzip nachgedacht wurde,
habe ich nicht ein einziges Mal den Vorschlag gehört, auch die Quäker heranzuziehen. Sie werden, aus Rücksicht auf ihre pazifistische
Religion, wie selbstverständlich von der Computerliste gestrichen.

Hinzu kommt, daß einzelne Regionen ganz unterschiedliche
Mentalitäten ausgebildet haben und Menschen mit ganz unterschiedlichen Lebenshaltungen anziehen. Die Grenzen verlaufen oft
quer durch die Bundesstaaten. Ein Redakteur der *Washington Post*,
Joel Garreau, hat 1981 das Buch *The Nine Nations of North America*
publiziert, in dem er in vielen Details nachweist, daß der nordameri-
kanische Kontinent aus neun Nationen besteht. Sie unterscheiden
sich voneinander nicht nur durch unterschiedliche Wirtschaftsstruk-
turen, sondern auch durch unterschiedliche Kulturen, ethnische
Konzentrationen und Lebensvorstellungen.

Miami, zum Beispiel, ist die heimliche Hauptstadt der Karibik
und hat mit Tampa, in Mittelflorida, nicht viel mehr als die Regierung und einige allgemein verbreitete Phänomene des amerikanischen Lebensstils gemeinsam. Ebenso auffällig ist der Unterschied
zwischen den kalifornischen Städten Los Angeles und San Francisco. Erstere entwickelt sich immer deutlicher zur Hauptstadt des
mexikanischen und asiatischen Amerika, wohingegen letztere immer noch wie eine Bastion der liberalen weißen Oberschicht anmu-
tet. Aber diese beiden und viele andere Städte haben auch noch eine
Fülle von Subkulturen ausgebildet, die mehr oder weniger unabhängig voneinander existieren.

Die meisten Amerikaner erwarten gar nicht, daß die Bewohner
eines Chicano-Viertels Englisch sprechen. Im Gegenteil, ich habe
viele getroffen, die es mit sichtlichem Stolz erfüllt, daß man in ihren
Großstädten innerhalb eines Tages die ganze Welt bereisen kann. In

Los Angeles leben mehr Mexikaner als in jeder anderen Stadt außer Mexiko City und mehr Koreaner als in jeder anderen Stadt außer Seoul. Ich möchte mir lieber nicht vorstellen, wie sich meine Landsleute verhalten würden, wenn ein Wiener Bezirk zur polnischen oder rumänischen Sprach- und Kulturzone würde und deren Vertreter sich auch noch anschickten, die politische Karriereleiter zu erklimmen.

Der Gesellschaftsvertrag

Man stößt in den USA nicht nur auf die Kulturen, sondern auch auf die Konflikte der Welt. Man braucht sich nur in den verschiedenen Emigrantenszenen umzuschauen und man bekommt ein Gefühl dafür, welche bedrohliche oder erfreuliche Zukunft ihren Heimatstaaten bevorstehen könnte.

1989 wurde ich am Oberlin-College mit einer Bibliothekarin bekanntgemacht. Sie stammte aus Jugoslawien, aus der Nähe von Zagreb, aber sie lehnte es ab, als Jugoslawin bezeichnet zu werden. Sie war Kroatin. In Amerika arbeitete sie, weil sie nicht in Jugoslawien leben wollte, sondern in einem freien Kroatien. Ihr Serbenhaß war so extrem, daß sie im Lemurenkabinett von Karl Kraus eine ganz gute Figur gemacht hätte. Wir zerstritten uns hoffnungslos. Ich wollte mir, nach allem, was in diesem Jahrhundert damit angerichtet wurde, den Nationalismus nicht als letzten Schrei der Geschichte verkaufen lassen. Doch was kümmerte das die Geschichte. Die Bibliothekarin aus Oberlin sitzt heute in der kroatischen Regierung.

Das Merkwürdige ist, daß die Jahre, die sie im Vielvölkerstaat USA verbracht hat, an ihrer ausgeprägten Gesinnung nicht das geringste geändert haben. Auch bei österreichischen Flüchtlingen des Jahres 1938, die nun doch schon über fünfzig Jahre in den USA leben, fiel mir auf, daß ihre ganze Lebensweise und Gesinnung »europäischer« war, als die jener Einwanderer, die dieses Land freiwillig für ihr Glück auserkoren hatten. Das brachte mich auf die Idee, Amerika könnte sich als letztes Rückzugsgebiet der europäischen Linken eignen, als ihr historischer Überwinterungsplatz.

Erstaunlich genug, daß die USA für Menschen aller Gesinnungen und Hautfarben ein attraktives Emigrationsland sind. Noch erstaunlicher ist es aber, daß sie dort im großen und ganzen friedlich

11

nebeneinander leben können. Wenn in Chicago Jugendbanden einen Stellvertreterkrieg Dritte Welt gegen Erste Welt führen, oder wenn im New Yorker Stadtteil Crown Heights im August 1991 chassidische Juden und jamaikanische Schwarze übereinander herfielen, dann sind das Ausnahmen. Denn gewöhnlich sind die Konflikte zwar präsent, aber sie werden nicht ausgetragen.

Ganz im Gegensatz zum Medienbild Amerikas, mit dem ich aufgewachsen bin, fühlte ich mich in den USA sehr sicher. Aber ich traf zu meiner Überraschung viele Menschen, die sich vor Europa fürchteten. So als ob hier ein gnadenloser Verteilungskampf tobe, der einem Wohlhabenden nur das Schlimmste, im Extremfall einen Terroranschlag, bescheren würde. Mich wiederum beschäftigte die Frage, warum der Verteilungskampf nicht in Amerika tobt.

Trotz enormer sozialer und ökonomischer Benachteiligungen vieler Gruppen scheint es eine Art gesellschaftlichen Vertrag zu geben, der von der überwiegenden Mehrheit der Amerikaner akzeptiert wird. Auf die einfachste Formel gebracht lautet er: Ihr müßt nicht zusammenleben, ihr dürft nebeneinander leben!

Diese Botschaft war schon in Thomas Jeffersons Unabhängigkeitserklärung angelegt, durch die seit über zweihundert Jahren die Liberalität konstitutionell verankert ist. Für deren Prinzipien wurde in der Mitte des vorigen Jahrhunderts ein Bürgerkrieg ausgetragen – und gewonnen. Die Liberalität hat Tradition. Obwohl das Wort »Privatsphäre« in der amerikanischen Verfassung nicht vorkommt, würde zweifellos die Mehrheit der Amerikaner dem ehemaligen Höchstrichter Louis Brandeis zustimmen, der »das Recht, in Ruhe gelassen zu werden« als die Grundvoraussetzung eines erträglichen Lebens bezeichnete.

Als wir mit unseren Kindern in Arizona eine Bar betraten, in der eine Country-Band spielte und in der es auch Alkohol gab, wurde das toleriert. Doch dann kam unser damals noch nicht fünfjähriger Sohn Elias auf die Idee, seine Tanzkünste vorzuführen. Das war der Geschäftsleitung zu viel, und Elias wurde, mit dem Hinweis, daß dies ein Lokal für Erwachsene sei, an den Tisch zurückgeschickt. Er begann zu weinen. Eine Portion Piemont-Kirschen auf Kosten des Hauses sollte ihn wieder versöhnen. Bemerkenswert fand ich den Satz, mit dem sich die Kellnerin bei Elias entschuldigte: »Ich wollte Deine Gefühle nicht verletzen.«

Die Untergrundbahn

Gegenüber vom ältesten und wohl auch bekanntesten Musikkonservatorium der USA, in Oberlin, ragt eine Eisenbahnschiene etwa fünf Meter schräg aus dem Boden. Dieses merkwürdige Denkmal, an schönen Tagen von musizierenden Studenten belagert, soll daran erinnern, daß Oberlin eine Art Knotenpunkt der Underground Railway, der Untergrundeisenbahn, war.

Die Underground Railway war kein wirkliches Transportmittel, sondern ein konspiratives Netz von Menschen, die Sklaven aus den Südstaaten zur Flucht in die Freiheit verhalfen. Pro Jahr, so wird berichtet, seien etwa 350 Schwarze in Oberlin versteckt und später zumeist über den Erie-See nach Kanada gebracht worden.

Wie jedes Kapitel amerikanischer Geschichte, ist auch dieses voll von Mythen. Doch eine Erzählung, so unglaublich sie klingt, hielt jeder Überprüfung stand.

Anfang 1856 kam der aus Masontown, Kentucky, entflohene Sklave John Price nach Oberlin, fand hier Beschäftigung und blieb. Zwei Jahre später wurde er von einem Freund seines ehemaligen Besitzers erkannt. Autorisiert durch die damaligen Gesetze kamen drei Sklavenfänger, unter ihnen ein Marshal, nach Oberlin. Price wurde verhaftet und abtransportiert. In der Stadt Wellington nahmen die Sklavenfänger Quartier, um auf den Zug nach Columbus zu warten.

Zwei Studenten, die die Verschleppung beobachtet hatten, schlugen in Oberlin Alarm. Eine Menge von mindestens zweihundert Bürgern machte sich, zum Teil mit Gewehren bewaffnet, auf den Weg nach Wellington. Unterwegs stießen andere dazu. Als sie vor dem Hotel ankamen, in dem John Price festgehalten wurde, waren sie fünfhundert.

John Price war in einem kleinen Zimmer im zweiten Stock eingesperrt, seine Bewacher saßen in der Gaststube. Während die Menge den Marshal und seine Helfer beschäftigte, gelang es anderen, John Price ohne Blutvergießen zu befreien. Er wurde in einer Droschke nach Oberlin zurückgebracht und drei Tage im Haus des Collegepräsidenten und Moralphilosophen Fairchild versteckt. Von Cleveland fuhr er heimlich mit einem Schiff nach Kanada.

Die Polizei konnte 37 an der Aktion beteiligte Personen namentlich ausforschen. Sie feierten in Oberlin, unter Anwesenheit der höchsten Gemeindehonoratioren, ein sogenanntes Fest der Verbrecher. Sechzehn von ihnen wurden zu Gefängnisstrafen verurteilt. Vor dem Gefängnis von Cleveland kamen zeitweise tausende Menschen zusammen. Der Pfarrer der First Church von Oberlin zog mit den Schulkindern vor das Gefängnis und wetterte, daß keiner einen Nachteil daraus haben dürfe, wenn er das Richtige tue.

Das Höchstgericht in Columbus lehnte eine vorzeitige Entlassung ab. Als sie schließlich nach 84 Tagen auf freien Fuß kamen, wurden sie in Oberlin als Freiheitshelden gefeiert.

In Österreich kenne ich keinen einzigen Ort, dessen Bevölkerung sich 1938 gegenüber den jüdischen Landsleuten so verhalten hätte, wie die Oberliner schon im 19. Jahrhundert gegenüber den schwarzen Flüchtlingen aus den Südstaaten.

Das Recht auf Glück

Vergleicht man die amerikanische Unabhängigkeitserklärung mit den über ein Jahrzehnt später erfolgten Proklamationen der Französischen Revolution, fällt zunächst einmal die große Übereinstimmung auf. Daß die Menschen von Natur aus gleich und frei sind, steht bei beiden obenan. Dann jedoch gibt es eine bezeichnende Abweichung. Wenn die Franzosen als Drittes die Brüderlichkeit (später nannte man es Solidarität) proklamieren, sprechen die Amerikaner davon, daß jeder Mensch das unveräußerliche Recht habe, nach Glück zu streben, und daß die Regierung dazu da sei, dieses und die anderen Rechte zu sichern.

Jedem das Recht zu garantieren, nach Glück zu streben, heißt noch lange nicht, daß der Staat eine Infrastruktur des Glücks bereitstellen muß. Es ist in den USA von vornherein nicht darum gegangen, die Bürger auf eine gemeinsame Lebensgrundlage einzuschwören, sondern viel einfacher: Jeder soll schauen, wie er durchkommt, und wir, die zu einem gemeinsamen Staat Verschworenen, garantieren ihm, daß er selber schauen darf, wie er durchkommt. Wir helfen nur dann, wenn sein Lebensrecht bedroht ist.

Obwohl für mich in Amerika sichtbarer war, auf wessen Kosten der Wohlstand gelebt wird, hatte ich dennoch das Gefühl freier zu atmen. Das hatte zunächst den persönlichen Grund, daß mein Einkommen gesichert war. Es hatte aber auch damit zu tun, daß kein

Mensch auf die Idee kam, ich sei ihm über meine Lebensführung oder meine Gedanken Rechenschaft schuldig. In Österreich hingegen meint bald einer, dem eigenen und dem allgemeinen Glück stünde nur das Denken und Verhalten der anderen im Wege.

Es lag vermutlich auch an der Größe des Landes, die es einfach erlaubt, Tage und Wochen unterwegs zu sein, ohne an eine Grenze zu stoßen, die Gegebenheiten, die Radiostationen und, wenn man will, auch die Menschen hinter sich zu lassen. Viele, die ich traf, schienen genau davon zu träumen. Und in gewisser Weise verwirklichen sie auch den Traum. Nur zwei Prozent der Amerikaner bleiben in der Gegend, in der sie aufgewachsen sind.

Die persönliche Mobilität und deren Vehikel, das Auto, gelten als der Inbegriff von Freiheit. Die Schwierigkeit, wenn nicht Unmöglichkeit, in den USA ein einigermaßen flächendeckendes öffentliches Verkehrssystem aufzubauen, hat mit dem Konzept gesellschaftlicher Freiheit als einem Nebeneinander geschützter Individualitäten zu tun. Der Mittelstand hat dieses Konzept hundertprozentig verwirklicht. Dazu gehören ein Haus und für jeden Bewohner sein eigenes Auto. Und im Restaurant ist dafür gesorgt, daß kein Fremder an den Tisch gerät, da möge noch so viel Platz frei sein.

Als Autoreisender ist man in den USA nicht schlecht dran. Man kriegt die schönsten Aussichten vors Fenster serviert und findet am Ziel immer auch noch einen Park- sowie einen Picknickplatz vor. Um dagegen Fußgänger sein zu können, muß man mit dem Auto zu einem jener Parkplätze fahren, von dem Fußgängerpfade wegführen. Es sei denn, man geht auf der Straße spazieren. Auf dem Land stößt man ständig auf Schilder mit der Aufschrift »No trespassing«, und es ist ratsam, sich daran zu halten. Ein Farmer, der einen unbefugt auf seinem Grundstück Weilenden mit der Schrotflinte durchlöchert, hat keine sonderlichen Konsequenzen zu befürchten. Er verteidigt sein Recht, in Ruhe gelassen zu werden.

In der Stadt Savannah, in Georgia, die zu Spaziergängen geradezu einlädt, wird vom örtlichen Fremdenverkehrsverband nur ein Plan für Autorundfahrten ausgegeben. Man folgt einer vorgegebenen Route und kann davon ausgehen, daß der vordere Wagen, der eben mitten auf einem Platz angehalten hat, gerade eine Station weiter ist und die Beschreibung liest. So etwas gibt es übrigens auch in San Francisco. Bloß ist die Route dort siebzig Kilometer lang und schließt die Peripherie ein, die anders als mit dem Privatauto gar nicht erreichbar wäre.

In bestimmten Gegenden, vor allem in Südkalifornien, ist die alptraumhafte Folge der Hochstilisierung des Autos zum Inbegriff der Freiheit nicht mehr zu übersehen. Im Durchschnitt sind auf den kalifornischen Autobahnen täglich 25 Millionen Fahrzeuge unterwegs. Allein im Becken von Los Angeles, das aus dem Smog kaum mehr herauskommt, besitzen die zwölf Millionen Einwohner acht Millionen Autos. Ein Team von Fachleuten ist seit Jahren damit beschäftigt, die Quadratur des Kreises zu erarbeiten. Es soll ein Programm erstellt werden, das den Smog reduziert, ohne den American Way of Life zu beeinträchtigen.

Daß das Konzept der Solidarität im persönlichen Verhalten Unfreundlichkeit produziert und das Konzept des geschützten Egoismus Freundlichkeit, ist eine Erfahrung, die mir so schnell nicht einleuchten wollte. Aber eigentlich hätte ich darauf vorbereitet sein müssen. Ich hätte nur an die diversen Kirchenplätze meiner Jugend denken müssen und an die Gehässigkeit der Betschwestern und -brüder, die ich dort vorfand. Wer die Nächstenliebe zur geistigen Lebensmitte macht, hat im Detail über die anderen ständig zu klagen.

Das Konzept der Solidarität schließt (natürlich zu Recht!) die Dankbarkeit aus. Derjenige, dem durch Steuern und Abgaben genommen wird, ohne gleichzeitig zum Empfänger zu werden, darf sich nicht im Lichte persönlicher Großzügigkeit sonnen. Er darf nicht zu einem Sozialhilfeempfänger hingehen und sagen: Übrigens das Geld, von dem Du lebst, das stammt von mir.

Er darf auch nicht, so wie das bei jeder amerikanischen Kulturinstitution der Fall ist, im Theater eine Tafel anbringen, auf der er als großzügiger Sponsor aufscheint. Er empfindet das Geschäft mit dem sozialen Staat, der da einfach verteilt, ohne ihn, den Spender, noch zu würdigen, höchst einseitig. Der Staat ist ihm suspekt und die Menschen, die vermeintlich auf seine Kosten leben, sind es ebenso.

Die Freiheit und der Müll

Als ich einmal an der Brooklyn Bridge stand, kamen fünf große Frachtschiffe den East River herab. Sie waren mit Müll vollgeladen. Ich war sprachlos angesichts der riesigen Abfallhaufen, die sich hoch über die Schiffsränder türmten. Es war sortierter Müll: Kleinzeug mit viel Plastik, keine Kühlschränke, Fernseher oder Autos. Ich fragte mich, wie lange werden es die Stadt und das umliegende Land noch verkraften, solche Wochenrationen zu lagern oder in die Luft zu blasen. Die Frachtschiffe nahmen Kurs auf Staten Island. Dabei kamen sie an der Freiheitsstatue vorbei. Leider hatte ich kein geeignetes Teleobjektiv. Zu gerne hätte ich dieses Motiv fotografiert: Die Freiheitsstatue inmitten der fünf Müllschiffe.

Später machte ich mich kundig. Was ich gesehen hatte, war nicht einmal die Tagesration des New Yorker Mülls. Die Stadt hat einen täglichen Ausstoß von 27 000 Tonnen Abfall – zehn Millionen Tonnen im Jahr. Jeder Bürger steuert jährlich mehr als eine Tonne bei.

Den Unterschied zwischen einer europäischen Fluglinie und einer amerikanischen erkennt man daran, daß aus der amerikanischen Maschine am Zielort die fünffache Müllmenge ausgeladen wird. Nichts von dem, was serviert wird, kein Besteck, kein Teller, kein Glas, ist wiederverwendbar. Dasselbe spielt sich in den meisten amerikanischen Restaurants ab. McDonalds sponsert Schulbücher, in denen das eigene Verpackungsmaterial aus Polystyrol als besonders umweltfreundlich dargestellt wird. Es mag stimmen, daß es keine schädlichen Stoffe an die Umwelt abgibt. Die Natur kann nämlich gar nichts damit anfangen. Jeder Trinkbecher kann zur kulturellen Botschaft für Jahrhunderte werden.

Viele, im Prinzip vollkommen überflüssige Müllmengen konnte ich in den USA, mangels Alternative, nicht vermeiden. So gibt es zum Beispiel außer Wein, Schnaps und ein paar Biersorten nichts in Glasbehältern. Und selbstverständlich sind die wenigen Glasflaschen, die Verwendung finden, Einwegflaschen. Was immer man zu sich nimmt, gewöhnlich hinterläßt man den gleichen Rauminhalt in Form einer Plastik- oder Aluminiumverpackung. Wer Schlagobers auf den Kuchen gibt, hat wieder eine Metalldose zum Wegwerfen. Das zuvor entwichene Treibgas sucht sich seinen Zerstörungsweg selbst.

Obwohl das Umweltbewußtsein in den USA deutlich zunimmt,

hat das bislang für den Einzelnen nur die Auswirkung, daß er da und dort Mülltrennung praktizieren kann. Statt auf Müllvermeidung wird ganz auf Recycling gesetzt. Mangels verbindlicher Gesetze gelangt aber zum Beispiel bei Plastikabfall nur ein Prozent in Recyclinganlagen. Wo allerdings Mülltrennung betrieben wird – meist dort, wo die lokale Mülldeponie voll ist und Probleme entstanden, als man eine neue anlegen wollte –, geht man ihr mit großer Effizienz nach. Papier wird jetzt schon so fleißig gesammelt, daß das Angebot viel größer ist als die Nachfrage und die Preise innerhalb eines Jahres auf ein Sechstel fielen. Im Jahr 1990 verschimmelten sechs Millionen Tonnen Altpapier in Warenhäusern.

Da es in den USA 130 Müllverbrennungsanlagen gibt, die Strom erzeugen, hat sich dort die Sitte eingebürgert, auch das Verbrennen des Mülls unter der harmlosen Bezeichnung Recycling zu führen. Aber mit achtzig Prozent des Mülls geschieht überhaupt nichts. Er wird einfach irgendwo aufgehäuft. Ein guter Teil wird in Weltumlauf gebracht. Städte in der Größenordnung von Boston lassen ihre Abwässer einfach ins Meer rinnen. In Kanada ist es übrigens nicht anders.

Gemessen am Ausmaß der täglichen Zerstörung sind die Umweltschützer in den USA immer noch ein kleines Grüppchen. Einer von ihnen, Thomas Adams, hat sich am 5. April 1991 an einen Zug gekettet, der Sondermüll aus Michigan zu einer Hausmülldeponie in Ohio bringen sollte. Durch seine Aktion wurde die Öffentlichkeit aufmerksam und der Sondermüllzug mußte Ohio wieder verlassen. So wie seinerzeit ein Müllschiff ziellos durch das Mittelmeer kreuzte, fuhr dieser von Adams aufgestöberte Sondermüllzug dann von einem US-Staat in den anderen. Der junge Umweltschützer, der durch seine Aktion auf das Problem aufmerksam gemacht hatte, kam ins Gefängnis. Wegen unbefugten Betretens privater Anlagen, wegen Störung der öffentlichen Ordnung und wegen Vandalismus. Er trat in Hungerstreik. Nach zwölf Tagen befand der Richter, daß man zumindest jene Anklagepunkte fallenlassen könne, die Thomas Adams zum Verbrecher machen.

Der materialaufwendige amerikanische Lebensstil gilt immer noch als Ausdruck der persönlichen Freiheit. Der Durchschnittsamerikaner verbraucht doppelt soviel Energie und verursacht doppelt soviel Müll wie der Durchschnittsbürger eines jeden anderen Staates auf der Welt. Bloß lassen sich in einem Land, das größer ist als Europa, das aber nur die dreifache Einwohnerzahl von Deutschland hat, die Müllberge und Giftdeponien noch ganz gut verstecken.

Das Unheil könnte unerwartet vom Himmel kommen. Wissenschaftler fanden heraus, daß der Abbau der Ozonschicht zwanzig mal schneller geht, als noch vor einigen Jahren angenommen. Wenn nichts geschieht, werden in den nächsten fünfzig Jahren etwa zwölf Millionen Amerikaner an Hautkrebs erkranken.

Die Medien

Wer Anspruch auf Hochkultur stellt, auf Theater, Konzerte, Opern, Museen, muß sich in Universitäts- und Collegestädten aufhalten. Denn nur dort findet sich das Publikum, das nach solchem verlangt und auch bereit ist, es zu sponsern. Das Ergebnis ist oft erstklassig. Kunstmuseen von Weltformat, wie die von Cleveland, Chicago und Detroit, leben ausschließlich von privaten Geldern und haben es meist nicht einmal nötig, Eintritt zu kassieren. Es gibt einen ungeschriebenen Ehrenkodex, der vor allem im jüdischen Bürgertum gültig ist. Er besagt, daß wohlhabende Bürger auf den Sponsorenseiten der Kulturprogramme aufzuscheinen haben. Sie dürfen die Spenden von der Steuer abschreiben.

Will ich etwas über die Welt erfahren, bin ich dank der Hörfunkjournale, Österreichs akkustischer Ersatzzeitung, auf dem Similaun-Gletscher besser dran als in so mancher Stadt des amerikanischen Westens. Denn gibt es dort keine Universität, erhält man auch keine *New York Times, Los Angeles Times, Washington Post, Chicago Tribune*, kein *Wall Street Journal* und keinen *Christian Science Monitor*, um einige der besten Zeitungen zu nennen. Hingegen gibt es in den USA mehr als zweitausend Regionalzeitungen. Aber nur wenige unter ihnen kennen eine Welt außerhalb des Bewegungsraums der amerikanischen Truppen. Im ersten Halbjahr 1991 waren sie vom Golfrausch angesteckt. Die rührseligen Geschichten um die Soldatenfamilien, Soldatenkinder und Soldatenliebschaften waren nicht mehr auszuhalten.

Im Bundesstaat Montana kaufte ich mir eine überregionale, immerhin in ganz Montana vertriebene Zeitung. Was daraus über die Welt zu erfahren war, beschränkte sich im Wesentlichen auf zwei Meldungen. Im Glacier Nationalpark ist ein Auto ein paar hundert

Meter abgestürzt. Die Insassen wurden schwerverletzt mit einem Hubschrauber geborgen. Und ein Bär hat, auf der Suche nach Nahrungsmitteln, Autos aufgebrochen und Windschutzscheiben eingeschlagen. Darauf steht für Bären die Todesstrafe. Er wurde zur Hinrichtung in den Yellowstone Nationalpark überführt. Unter den 800 000 Menschen, die in Montana, einem Bundesstaat knapp größer als Deutschland, wohnen, hatten sich an diesem Tag keine weiteren Nachrichten ergeben. Und was sonst auf der Welt passierte, schien hier niemanden zu interessieren. Der Rest waren Ankündigungen.

In New York kam ich einmal in die Verlegenheit, Kurt Waldheim verteidigen zu müssen. Eine Studentin hatte gemeint, seine historische Rolle habe etwa der Hitlers entsprochen, nur von Hitler habe man es gewußt, bei Waldheim sei man erst 1986 draufgekommen. Damals wurde mir klar, daß der geographische Abstand auch die Dimensionen des Entfernten verzerrt. Er kann auch eine deutlichere Wahrnehmung von Problemen bewirken. Dies gilt natürlich auch für unsere Wahrnehmung der amerikanischen Gesellschaft. Vieles von dem, was in Europa mit der Aura amerikanischer Bedeutsamkeit gehandelt wird, ist in den USA schlicht nicht nachvollziehbar, oft nicht einmal auffindbar.

Ein Vergnügen besonderer Art sind die Sonntagsausgaben amerikanischer Zeitungen. Sie sind so dick und schwer, daß man sie am besten mit dem Auto abholt. Vom blödesten Comic bis zum anspruchsvollsten wissenschaftlichen Thema findet man alles darin. Die Sonntagsausgabe der *New York Times* zwingt zu einer radikalen Auswahl, sonst stauen sich die Artikel, die man noch lesen will, bald bis an die Zimmerdecke.

Am Montag stehen die ärmeren Menschen mit Unmengen von Rabattcoupons an den Registrierkassen der Supermärkte. Sie kaufen Dinge, die sie sonst nie gekauft hätten. Die Coupons sind in den Sonntagszeitungen abgedruckt.

In den USA erscheinen etwa 66 000 Periodika aller Art und mehr als dreitausend Verbraucherzeitschriften. Jährlich werden bis zu sechshundert neue Zeitschriften gegründet, von denen nur die Hälfte das erste Jahr überlebt. Unter den Neuerscheinungen des Jahres 1990 führen (nun schon das dritte Jahr hintereinander) die Sexzeitschriften mit 62 neuen Titeln, vor Lifestyle-, Service- und Sportmagazinen mit jeweils knapp über vierzig Titeln. Besonderer Beliebtheit erfreuten sich sogenannte New-Kids-Zeitschriften mit so einfallsreichen

Titeln wie »New Kids on the Block« und »New Kids Concert«, jeweils möglichst mit Madonna auf der Titelseite.

An der Universität von Mississippi gibt es einen Professor, Samir Husni, der es sich zur Lebensaufgabe gemacht hat, jedes Jahr einen Führer aller amerikanischen Periodika zu publizieren. Er fand heraus, daß die Überlebenschancen der Zeitschriften mit zunehmender Spezialisierung steigen. Eine Zeitschrift über Motorroller, Weltraum, berühmte Mütter oder pazifische Kunst, sucht sich gleichsam von selbst die Nische, in der sie überleben kann. Würde sie alle vier Themen behandeln, hätte sie keine Chance. So ist es auch bei den Sexzeitschriften. Die neuen Magazine spezialisieren sich auf bestimmte Körperteile, »Jiggle« zum Beispiel auf Brüste, »Hot Buns« auf Hinterteile und »Hot Lips« naturgemäß auf Lippen (auf die im Gesicht).

Es gibt eine Zeitschrift über viktorianische Weihnachtsbräuche, eine über Salate, eine über Zoos und eine über zeitgenössische Puppen. Den Vogel abgeschossen hat eine Zeitschrift, die Anfang des Jahres 1991 (vor dem Golfkrieg) erstmals erschienen ist und sich unerwartet als Renner der Saison herausgestellt hat. Sie trägt den sachlichen Titel: »Kriegsflugzeuge im Mittleren Osten«.

Auch die großen Fernsehketten ABC, NBC und CBS versuchen die Menschen in ihrer jeweiligen Nische zu erreichen. Sie haben ihre Nachrichtenprogramme so regionalisiert, daß sie neben ein paar Morden und herzergreifenden Geschichten aus der Region gerade noch Platz haben, zwischen den vielen Werbeblöcken den Präsidentenkopf und die positive Meldung unterzubringen. Will man von den privaten Fernsehsendern Hintergrundberichte zu Weltereignissen erfahren, muß man bis Mitternacht aufbleiben.

Bleiben noch die öffentlichen Sender. Sie bieten jeden Tag eine äußerst informative einstündige Nachrichtensendung ohne Werbeblocks. Gäbe es das *Public Broadcasting System* (PBS) nicht, hätten nur die Verkabelten via CNN Chancen auf umfassende Informationen. PBS kann sich nicht aus freiwilligen Beiträgen allein finanzieren, sondern ist, regional unterschiedlich, auch auf öffentliche Förderungen und korporative Sponsoren angewiesen. Das hat die unangenehme Folge, daß regional am Programm herumgemurkst wird und daher so manche anspruchsvolle und kritische Sendung nicht überall zu sehen ist. Während des Golfkriegs wurde Kritik nur in homöopathischen Dosen zugelassen.

Ich bin überzeugt, daß es bei uns langfristig auf dieselbe Programmstruktur hinauslaufen wird: Bei den Privatsendern zumeist seichte Unterhaltung, Dokumentationen und anspruchsvolle Filme im öffentlichen Kanal. Bis dahin werden unsere Fernsehkritiker noch davon ausgehen, daß alle Menschen ein gutes Programm vorgesetzt bekommen sollen. In den USA begnügen sie sich längst damit, selbst eines zu finden.

Ohne Fenster

Eine der feinsten Nischen wurde der Natur zugewiesen. Der Naturschutz in den Nationalparks ist vorbildlich für die ganze Welt. Aber gleichzeitig, oft unmittelbar daneben, gibt es eine Naturzerstörung größten Ausmaßes. Was nützt das beste Nationalparkkonzept, wenn es der schrankenlosen privaten Naturausbeutung auch noch ein Alibi abgibt.

Neben dem Olympic Nationalpark, im Bundesstaat Washington, in dem die strengsten Schutzbestimmungen für Bäume gelten, wird Kahlschlag betrieben. Nicht einmal die Äste werden weggeräumt, da sie nichts einbringen. Im Nationalpark Petrified Forest, in Arizona, kann man, wenn man auch nur ein Steinchen mitgehen läßt, verhaftet werden. Wer jedoch ein Privatgrundstück außerhalb der Parkgrenze besitzt, kann das versteinerte Holz gleich tonnenweise verscherbeln.

Mich hat das Ganze an den deutschen Philosophen Gottfried Wilhelm Leibniz erinnert, der die Idee hatte, die Welt könnte aus vielen geschlossenen Einheiten, sogenannten Monaden, bestehen, die einander nicht beeinflussen, sondern jeweils nur dem eigenen Heilsplan folgen. Als sich die Bürger Kaliforniens bei den Kongreßwahlen 1990 dafür entschieden, daß die Schutzbestimmungen für Redwoods nicht auf Privatgrundstücke anwendbar sein sollen, entschieden sie sich in Wirklichkeit nicht gegen die Redwoods, sondern für die Beibehaltung dieser Gesellschaft tausender fensterloser Freiheitsmonaden. Auch wenn es bereits um die letzten zehn Prozent des ursprünglichen Bestandes an Redwoods und Douglastannen geht.

Konflikte entstehen kaum deshalb, weil anderen ihre Monaden streitig gemacht werden sollen, sondern meistens, weil vielen Menschen Monaden zugewiesen wurden, die im strengen Wortsinn keine Monaden sind, sondern Zwangsgebilde ohne eigenen »Heilsplan«, Orte der Ausgrenzung, die durch das Treiben der Nachbarmonaden hergestellt wurden. Darin liegt eine tiefe Kluft zwischen der Idee des »American Way of Life« und der Wirklichkeit. Die Zahl derjenigen, die nicht in der Lage sind, einen eigenen Lebensplan zu entwickeln und auf ihre eigene Art glücklich oder unglücklich zu werden, wird immer größer. Waren es traditionell die afrikanischen Amerikaner und die Native Americans, so reduziert sich heute auch für viele Hispanics das Land der tausend Möglichkeiten auf eine einzige, die noch dazu unerfreulich ist. Der fruchtbare Boden für das eigene Glücksstreben ist voll von Rissen und Schluchten, aus denen es für diejenigen, die auf Grund ihrer Herkunft, Hautfarbe und Ausbildung hineinfallen, nur schwer ein Entkommen gibt.

Je weniger die amerikanische Wirklichkeit ihrer Idee entspricht, um so energischer wird die Idee für die Wirklichkeit verkauft. Die Loyalität zu diesem Staat ist so groß, daß ein hohes Maß an Armut und sozialer Benachteiligung in Kauf genommen wird, bevor es zu offenen Konflikten kommt. Streng genommen ist es nicht Loyalität gegenüber dem Staat, weil die Amerikaner unter Staat die Bundesstaaten verstehen. Es ist auch nicht Loyalität gegenüber der Regierung, die zwar ein hohes Prestige genießt, aber in konkreten Fragen durchaus allerorten kritisiert wird. Es ist der Glaube an die Nation, an die Idee des Staates USA. Die Anhänglichkeit und Treue gegenüber der Nation hat damit zu tun, daß die überwiegende Mehrheit der Amerikaner die Aufgabe ihres Staates nicht darin sieht, die Bürger auf einen gesellschaftspolitischen Nenner zu bringen, sondern schlicht darin, jedem, der damit nicht die öffentliche Moral gefährdet, seine Nische zu überlassen und sie notfalls zu schützen. Amerika ist eine fast perfekte Nischengesellschaft.

Daß es dabei gerecht zugeht, hat niemand behauptet und wird, nach amerikanischer Sicht, nur von Linken verlangt. Denn dies würde einen übergeordneten Standpunkt staatlicher Glückslenkung erfordern.

Eine Studentin machte mich darauf aufmerksam, daß sich die Loyalität vor allem auf die Außenpolitik beziehe, daß aber innenpolitisch vieles von dem, was ich, mangels grundsätzlicher Kritik am politischen Weg, als Loyalität interpretiere, einfach Hilflosigkeit und Apathie sein könnte. Dennoch, wenn ich aus meiner Beschäftigung mit der amerikanischen Gesellschaft politisch etwas gelernt habe, dann war es dies: Ein Staat, der den privaten Egoismus schützt, hat bei den Bürgern höheren Kredit als einer, der ihn bekämpft.

Für die Natur könnte sich dieses Konzept freilich fatal auswirken. Besonders deutlich wurde mir das in der Mariposa Grove, im Yosemite National Park. Wenn man vor einer Sequoia steht, die zur Römerzeit, als Jesus Christus geboren wurde, schon siebenhundert Jahre alt war, und die immer noch lebt und wächst, ist es vielleicht gar nicht das Schlechteste, wenn einem dazu nichts einfällt. Denn immerhin ist der Baum älter als die abendländische Philosophie. Letztere liegt in Agonie, der Baum ist noch bei besten Kräften. Aber die Philosophie könnte siegen.

Das Gesetz der Freiheit

Die Loyalität

Wenn es um die Verteidigung individueller Freiheiten geht, ist man bei der amerikanischen Justiz immer noch gut aufgehoben. Sie hat zum Beispiel in der Reagan-Ära die Einführung des Schulgebets untersagt, weil dadurch die Freiheit der Andersgläubigen eingeschränkt würde. Nicht jeder war mit dieser Entscheidung einverstanden, und sie wird, mit zunehmender Mehrheit der Konservativen im Obersten Gerichtshof, auch immer lauter in Frage gestellt. An manchen High Schools gruppieren sich einmal wöchentlich ostentativ Gebetsgruppen um die amerikanische Flagge. Auch wenn Fragen der Trennung von Kirche und Staat sowie des Schutzes der Andersgläubigen mittlerweile zu den wichtigsten Gerichtsthemen gehören, ist das eigentlich nur ein Beweis für die prinzipielle Hochschätzung des individuellen Spielraums. Wer würde bei uns zu Gericht gehen, weil ein Lehrer, in dessen Klasse auch ein türkisches Kind mit islamischem Bekenntnis sitzt, ein christliches Morgengebet spricht?

Doch der Schutz der Privatsphäre ist auch in Amerika in vielfacher Weise bedroht. Als ein spezieller Ausdruck persönlicher Mobilität und Handlungsfreiheit gilt die Kreditkarte. Jederzeit Geld zur Verfügung zu haben und durch telefonische Bekanntgabe der Kreditkartennummer Zahlungen und Reservierungen aller Art vornehmen zu können, hat zweifellos eine Menge praktischer Vorteile. Der Preis freilich besteht darin, daß das Kauf- und Sozialverhalten genau registriert werden kann. Jede der drei großen Plastikkreditfirmen, TRW, Equifax und Trans Union, besitzt Computeraufzeichnungen über das Zahlungsverhalten von 150 Millionen Amerikanern und kauft monatlich neue dazu. Die files werden aber nicht vertraulich gehütet, sondern an Hypothekenverleiher, Kreditkartenfirmen und jeden anderen, der ein »legitimes Geschäftsinteresse« anmelden kann, weiterverkauft. Selbst die Regierung bedient sich dieser Aufzeichnungen, zum Beispiel als Entscheidungsgrundlage in Fragen der Sozialversicherung.

Abgesehen davon, daß mittlerweile jeder, der eine teure Ware mit Bargeld ersteht, den Anschein erweckt, als hätte er etwas zu verbergen, führen Irrtümer in den Aufzeichnungen zu einer Stigmatisierung, die man kaum mehr los wird. Bekannt geworden ist mir der Fall eines Professors aus St. Louis, der einem Schwindel mit dem Code seiner Kreditkarte aufgesessen ist. Er konnte zwar in mühevoller Kleinarbeit beweisen, daß der seinem Konto angelastete Flug weder von ihm noch von einem seiner Bekannten gebucht wurde, aber die einmal erfolgte Aufzeichnung über die Unregelmäßigkeit führte dazu, daß er zehn Jahre lang von keiner Kreditkartenfirma mehr als Kunde akzeptiert wurde.

Die amerikanische Vorstellung von Freiheit hat nichts mit Gesetzlosigkeit zu tun, auch wenn das vom Klischeebild der Revolverhelden nahegelegt wird. Den ersten Revolver hat der US-Bürger an den Staat abgegeben. Den zweiten behält er, für den Fall, daß der Staat versagen sollte.

Ich weiß nicht, ob es ein anderes Land gibt, in dem das Leben gesetzlich so genau geregelt ist. Aber wohl keines, in dem die Gesetze so präsent sind und weitgehend auch eingehalten werden. An manchen Stränden stehen riesige Tafeln, auf denen Paragraph für Paragraph aufgelistet ist, was man alles nicht darf. Jeder Swimming-Pool konfrontiert den Benutzer mit einer Fülle von Verhaltensmaßregeln. In Florida waren wir an einem Campingplatz, in dem Jugendliche unter 21 (!) Jahren nicht allein den Pool-Bereich betreten durften. Autofahren dürfen sie schon mit sechzehn.

Das hat mit der Überentwickeltheit des amerikanischen Zivilrechts zu tun, an dem sich die Anwälte goldene Nasen verdienen. Der hohe Persönlichkeitsschutz bedingt ein hohes Strafausmaß für denjenigen, der dafür verantwortlich ist, daß jemandem etwas zustößt. So will sich jeder nach allen Richtungen absichern. Wenn ein Zwanzigjähriger ertrinkt, könnten dessen Eltern den Campingplatz klagen. Immerhin gilt ja mittlerweile auch beim Autounfall eines Betrunkenen der Beifahrer als mitschuldig. Die Bierbrauer schützen sich gegen Ersatzansprüche für Fehlgeburten, indem auf allen Bierflaschen vermerkt ist, wie gefährlich der Inhalt Schwangeren werden kann. Und die Chirurgen müssen ein Gutteil ihres Gehaltes in Rechtsschutzversicherungen stecken, weil sie einer enormen Prozeßflut ausgesetzt sind.

Besondere Aufmerksamkeit erregte der Fall Rose Cipollone. Sie war starke Raucherin und wurde eines Tages damit konfrontiert, daß sie an Lungenkrebs erkrankt war. Sie ging zu Gericht. Der Hersteller ihrer Zigarettensorte mußte nach ihrem Tod 400000 Dollar Kompensation bezahlen. Ihre Zigarettensorte war mit den schönsten Aussichten beworben worden, aber niemals mit der des Todes.

Meines Erachtens ist es die mangelnde soziale Absicherung, die zu einer Überdrehung des Zivilrechts geführt hat. Wenn es schon keinen allgemeinen Anspruch auf Wohlergehen gibt, dann sollen wenigstens konkrete Menschen für das, was einem widerfährt, verantwortlich sein. Einmal eine Maus im Hamburger und schon ist man Millionär.

Loyalität gegenüber dem Staat bedeutet Loyalität gegenüber den Staatsorganen und gegenüber den Gesetzen. Von einer Verkäuferin im Supermarkt, die mir gerade die Flasche Chablis weggenommen hatte, wollte ich erfahren, warum am Sonntagvormittag in Amerika kein Alkohol verkauft werden darf. Ich mochte die Frage drehen und wenden, wie ich wollte, sie antwortete immer nur: »Das ist unser Gesetz!« Sie konnte nicht verstehen, daß mir das zu wenig war.

Die Unnachgiebigkeit der Verkäuferin erinnerte mich an eine Politesse, die in Wien einen Strafzettel hinter den Scheibenwischer des Autos eines Freundes klemmte. Er sah, daß es eine Anzeige war, und sagte, er sei nun hier und wolle die Strafe gleich bezahlen. Sie antwortete: Es mußte Anzeige erstattet werden. Er fragte, warum. Sie sagte: Es mußte Anzeige erstattet werden. Er sagte, er sei gerne bereit, die Strafe zu zahlen, er wolle sie sogar auf der Stelle bezahlen. Sie antwortete: Es mußte Anzeige erstattet werden. Es gibt Tätigkeiten, die kann man wahrscheinlich nur ausüben, wenn man sich einlernt, was getan werden muß.

So freundlich amerikanische Polizisten sein können, wenn man sie um eine Auskunft oder einen Gefallen bittet, so brutal können sie sein, wenn sie von selbst tätig werden. Da viele Amerikaner bewaffnet sind, beginnt der Polizeikontakt meist spektakulär mit erhobenen Händen.

Als ich einmal von Mexico City in die USA zurückflog, wurde ich bei der Ankunft in Dallas für einen Rauschgifthändler gehalten, an die Wand gestellt, durchsucht und dabei im Hodenbereich äußerst unangenehm behandelt. Meine Proteste machten alles nur noch schlimmer. Schließlich mußte ich mich nackt ausziehen und alle meine Löcher inspizieren lassen. Nach einem langen Verhör wurde ich zu einem Haufen geführt, der einmal der Inhalt meines Koffers war. Ich packte ihn, ohne ein Wort des Protests zu verlieren. Mir war das Spielhaus niedergetrampelt worden, das ich mir im mittleren Westen als Abbild des US-Staates errichtet hatte. Nun stand ich da wie ein weinender Bub und benötigte viel Bier, um mich wieder zu fangen.

Einer, der bei der Polizei arbeitet, erklärte mir später, ich hätte zufällig in einem wichtigen Punkt das Computerprofil von Dealern erfüllt. Ich war nämlich nach Mexiko über New Orleans ein-, aber über Dallas ausgereist. Das mache kein »normaler« Urlauber.

Mein zweiter Polizeikontakt war alltäglicher. Lange Zeit habe ich die niedrigen Tempolimits exakt eingehalten, aber dann wurde ich doch zum Gesetzesbrecher.

Auf manchen Autobahnen ist eine Geschwindigkeit von 65 Meilen pro Stunde (etwa 105 km/h) erlaubt. Solche Rennstrecken sind aber rar geworden. Meist gilt ein Tempolimit von 55 Meilen.

Ich war zur Weihnachtszeit gerade Richtung Cleveland unterwegs, die Geschwindigkeitsautomatik auf heiße sechzig Meilen (hundert km/h) eingestellt, aß Chips, trank Coke und sang »Es wird scho glei dumpa« – da wurde es plötzlich hell am Nachthimmel, Sirenen heulten auf und ich ward vom strahlenden Licht so geblendet, daß ich kaum noch wahrnehmen konnte, auf welcher Spur ich eigentlich anhielt.

Ich mußte aussteigen und mich in ein Polizeifahrzeug neben einen Sheriff mit Cowboyhut setzen. Daß ich meine Körpergröße nicht in inches und mein Gewicht nicht in pounds angeben konnte, schien nicht für mich zu sprechen. Auch ließ ich mich in eine Diskussion über meine Augenfarbe ein. Über meine Geschwindigkeit nicht – und so kam ich mit 45 Dollar Strafe davon.

Es war nicht möglich, gleich zu bezahlen. Das Geld, meinte der Officer, müsse in fünf Tagen bei der Polizei eintreffen, sonst würde er zu mir nach Hause kommen und mich verhaften. Ich lachte, denn ich hielt das für einen etwas forsch geratenen Witz. Kurz danach fühlte ich mich wie ein Würmchen.

Jetzt weiß ich, wie scharf die Grenze zwischen Legalität und Illegalität in den USA gezogen ist. Das sogenannte Kavaliersdelikt gibt es dort nicht. Dieses entstammt nämlich einem katholischen Umgang mit der Sünde, der sich eine Art Gewohnheitsrecht für läßliche Sünden zurechtgelegt hat.

In den USA hingegen trifft man noch auf den protestantischen Rigorismus der alten Schule. Wer hier das Gesetz übertritt, egal welches, stellt sich außerhalb der Gemeinschaft. Dafür wird er geächtet. In manchen Gegenden des mittleren Westens ist es üblich, die Namen aller, die Strafmandate bekommen, in der Zeitung zu melden.

Gänzlich unüblich ist es jedoch, einen Autofahrer anzuhalten, der keine Gesetzesübertretung begangen hat, nur um zu kontrollieren, ob man nicht doch vielleicht etwas findet. Allerdings kommt es an den großen Süd-Nord-Routen, zum Beispiel an der I-5 zwischen San Diego und Los Angeles, gelegentlich zur Kontrolle des gesamten, auf vier Spuren dahinrollenden Autoverkehrs, um illegaler Einwanderer habhaft zu werden. Das ergibt, trotz eines Massenaufgebots an Polizei, gewöhnlich einen riesigen Stau.

So sehr die Amerikaner auch auf ihre Individualrechte pochen, die Kontrollorgane scheinen letztlich doch auch in Amerika darüberzustehen.

Gefangen in der Heimat

Pro Jahr sehen dreizehn Millionen Amerikaner das Gefängnis von innen. Das ist eine unglaublich hohe Zahl, sie macht etwa fünf Prozent der Gesamtbevölkerung aus. Freilich muß man gleich hinzufügen, daß achtzig Prozent davon nach spätestens drei Tagen wieder entlassen sind.

Trunkenheit am Steuer führt direkt ins Gefängnis, »ungebührliches Benehmen« gegenüber der Polizei auch. In der Statistik führt der Alkoholmißbrauch, gefolgt von Diebstahl und Drogenmißbrauch. Aber auch Betrug und Vandalismus sind gut entwickelt.

In den Gefängnissen der USA sind zur Zeit 750 000 Menschen eingesperrt. Vor zehn Jahren lag die durchschnittliche Anzahl der Gefangenen noch bei 330 000. Die Verdoppelung ist vor allem auf das Steckenpferd von Nancy Reagan zurückzuführen. Sie war die harsche Muse des Antidrogenkampfes. Die Kampagne erhöhte zwar die Zahl der Gefangenen beträchtlich, brachte aber insgesamt nur eine leichte Verringerung des Drogenkonsums, der bald wieder anstieg.

Der erhöhte Gefängnisaufwand ließ keine Mittel mehr für die Bewährungshilfe übrig, wodurch in der Folge auch die Rückfallsquote anstieg. Derzeit muß jeder US-Bürger durchschnittlich 85 Dollar im Jahr für das Gefängnissystem zahlen, was bei 250 Millionen Einwohnern ein schönes Sümmchen ergibt. Die Kerker sind hoffnungslos überfüllt. Die Umgangsformen innerhalb der Gefängnismauern sind brutaler denn je.

Nicht die Kriminalität hat in den letzten Jahren so stark zugenommen, sondern das Verhalten gegenüber Kriminellen hat sich geändert. Die Rehabilitierungsbemühungen der siebziger Jahre wurden offenbar aufgegeben. Ersttäter werden jetzt viel häufiger eingesperrt als früher. Und viele müssen, kaum in Freiheit, ins Gefängnis zurück, weil sie beim Drogentest durchfallen, der nunmehr regelmäßig von allen Haftentlassenen verlangt wird.

In der *Washington Post* wurde über Mansuel Lee Union berichtet, einen Drogenabhängigen, der im Gefängnis von Pinellas County, Florida, eingesperrt war (oder ist). Die Anklage: Er hatte zweimal Crack um zwanzig Dollar verkauft. Er mußte zehn Monate auf seinen Prozeß warten und hatte in dieser Zeit den ihm zugewiesenen Verteidiger dreimal kurz gesehen. Mansuel Lee Union hatte sich vor seiner Festnahme selbst mehrmals an die Behörde und an die Polizei gewandt und ihnen mitgeteilt, daß er ein Drogenproblem habe und dringend eine Entziehungskur brauche. Es gab jedoch in öffentlichen Therapieprogrammen keine freien Plätze und für eine Privatfinanzierung fehlte ihm das Geld. Im Gefängnis war noch ein Platz frei.

Im Bundesstaat Illinois hat die Anzahl der Strafgefangenen innerhalb eines Jahres um 21 Prozent zugenommen. Obwohl in den letzten vierzehn Jahren vierzehn neue Gefängnisse eröffnet wurden, müßten, gemessen an den derzeitigen Verurteilungen, in den nächsten fünf Jahren weitere dreizehn Gefängnisse gebaut werden. Der neue Gouverneur Edgar hat im Wahlkampf ein strenges Durchgreifen gegen die Kriminalität angekündigt. Der Großteil der amerikanischen Bevölkerung hält strenge Haftstrafen für die beste Lösung des Problems der Kriminalität.

Nicht besser sieht die Lage in Kalifornien aus, wo die Bevölkerung im letzten Jahrzehnt um mehr als ein Viertel zugenommen hat (1980: 23 Millionen Einwohner; 1990: 30 Millionen Einwohner), der Staat aber den dabei entstehenden sozialen Problemen nicht gewachsen war. Es wird wohl auch damit zusammenhängen, daß 85

Prozent der sieben Millionen neuen Bewohner Kaliforniens Hispanics und Asiaten sind, deren Chancen, in den regulären Arbeitsmarkt integriert zu werden, von vorneherein weit geringer sind als etwa die der halben Million hinzugekommener Weißer. Das führte dazu, daß trotz eines neuen Gefängnisbauprogramms in der Größenordnung von 3,4 Milliarden Dollar, die Zellen zum Bersten voll sind. 102 000 Menschen sind derzeit in Kalifornien inhaftiert.

Auch Präsident Bush wollte Anteil an der neuen law-and-order-Politik haben. Um in den nationalen Gefängnissen für einen neuen Schwung Verhafteter Platz zu machen, wurden Gefangene in andere Teile der USA verlegt, oft in kleine Polizeigefängnisse, die nicht dafür eingerichtet sind, Menschen länger als ein paar Tage zu beherbergen.

So nebenbei hat man sich das alte Schikanenwesen des Arbeitslagers neu einfallen lassen. Vielleicht sollte man besser Drillkaserne dazu sagen. Denn wie Soldaten sind die Gefangenen dort in Kompanien und Züge gegliedert und wie Soldaten werden sie geschunden. Es gibt einen strikten Tagesablauf, der vor allem auf Leistungssport und Arbeit ausgerichtet ist, aber auch ein wenig zwangsweise Bildung vorsieht. Die Insassen sind meistens Freiwillige. Aber der Ansturm ist groß, denn die Schocktherapie dauert »nur« ein halbes Jahr.

Diese Arbeits-, Leistungs- und Korrektionsanstalten wurden als Mittel gegen die Gefängnisnot gegründet. Vor allem Ersttäter, die in keine Gewaltverbrechen verwickelt waren, können das Intensivstrafsystem wählen und dabei die Haftstrafe bis auf ein Achtel reduzieren. Inzwischen gibt es solche Anstalten in vierzehn US-Staaten. Doch der ursprüngliche Zweck der Gefängnisentlastung auf freiwilliger Basis stellt sich immer mehr als fadenscheinig heraus. Denn in einigen Staaten kann diese Intensivstrafe mittlerweile vom Richter verhängt werden. Und damit sind die sogenannten »boot camps«, also die Lager, in denen der Stiefel das Kommando führt, ein Schritt zurück zur mittelalterlichen Justiz, die in den USA ohnedies nie ganz abgeschafft wurde. Jetzt wird nicht nur exekutiert, sondern auch noch gequält. Einzig für den Zweck der Gefängnisentlastung? Die Rückfallrate ist übrigens genauso hoch wie bei normalen Gefängnissen.

Eine weitere Idee zur Gefängnisentlastung ist die elektronische Überwachung von Straftätern. Sie wird mittlerweile in 47 Staaten angewandt. Dabei wird der Betroffene zum Gefangenen in seinem eigenen Haus. An einem Körperteil, meist am Knöchel, wird ein Sender angebracht, dessen Signale von einem im Haus installierten elektronischen Übermittler an eine zentrale Überwachung weitergeleitet werden. Wenn sich der Gefangene unerlaubt vom Haus entfernt, wird automatisch Alarm geschlagen. Bei dieser Art von Überwachung wird dem Bestraften jeder menschliche Kontakt mit den Bestrafern oder deren Helfern vorenthalten. Sie wird vor allem für leichtere Fälle oder vorzeitig Entlassene angewandt. In Florida ist zur Zeit für achthundert Straftäter das eigene Heim zum Gefängnis geworden. Anonymer und unpersönlicher kann das Gesetz nicht auftreten. Als kleines Kind habe ich eine Zeit lang unter der Vorstellung gelitten, der liebe Gott könnte mit mir ein solches Überwachungssystem praktizieren.

Ganz anders, nämlich nach der alten Schule, funktioniert das Intensiv-Überwachungsprogramm von Georgia. Kurzzeitgefangene kommen nicht in reguläre Gefängniszellen, sondern werden, in Wohngruppen zusammengefaßt, einem strikten Disziplinierungsprogramm unterworfen, das den Erziehungsmethoden der alten europäischen Klosterinternate nicht unähnlich ist. Das Mittagessen zum Beispiel darf nicht länger als zehn Minuten dauern. Sprechen ist nicht erlaubt. Wer dabei erwischt wird, wenn er sich umschaut oder zum Nachbarteller schielt, muß stehend weiteressen, mit dem Gesicht zur Wand. Selbstverständlich wird alles aufgegessen, was auf den Tisch kommt. Benimmt sich jemand unvorschriftsmäßig, muß er alle seine Habseligkeiten den ganzen Tag in einem Sack bei sich tragen, während des Marschierens, des Drills und des sportlichen Leistungsprogramms. Das sorgt für Ordnung und verhindert, daß die Leute zuviel persönliches Zeug haben. Der alte Sklavenhalterstaat Georgia hält nicht viel vom modernen Überwachungskrimskrams. Er hat Erfahrung darin, wie man Abtrünnigen den Herrn zeigt.

Neun von zehn Gefangenen sind männlich. Es gibt aber eine deutliche Zunahme der Verhaftungen von Frauen. Die jährliche Steigerungsrate liegt derzeit bei 25 Prozent und ist damit doppelt so hoch wie bei den Männern. Auch hier hat die Zunahme in erster Linie mit der Antidrogenkampagne zu tun. Allerdings gibt es ein Delikt, bei dem es die Frauen auf fast so viele Gefangene bringen wie die Männer, nämlich beim Betrug. Auch die Anzahl der gefangenen Diebinnen, mehr als 300 000 Verhaftungen pro Jahr, kann sich sehen lassen, wenngleich das Heer der männlichen Diebe gut doppelt so groß ist.

Einbrüche sind eindeutig Männersache – und eine echte Landplage. Aber irgendwie müssen sich die vielen Obdachlosen und Mittellosen ja auch ernähren. Das mag es vor allem sein, was dazu führt, daß in einem Zeitraum von zwanzig Jahren in sieben von zehn Häusern mindestens einmal eingebrochen wird. Ein Verbrechen jedoch wird fast ausschließlich von Männern begangen und die Opfer sind fast ausschließlich Frauen: die Vergewaltigung. Der *Almanac of the American People* gibt bekannt, daß acht Prozent der Frauen vergewaltigt werden. Allerdings ist das eine geschätzte Zahl, da, nach einer anderen geschätzten Zahl, nur etwa 35 Prozent dieser Verbrechen angezeigt werden.

Amerika hat einen neurotischen Drang zum Superlativ. Alles, was nicht als das Größte, Schnellste oder Beste angekündigt wird, läuft Gefahr, nicht beachtet zu werden. So ist es nicht verwunderlich, daß pathologische Einzeltäter sich nur dann ihres Erfolges sicher wähnen, wenn ihre Serien- oder Massenmorde eine Rekordsumme an Leichen hinterlassen. Im Oktober 1991 raste George Hennard mit seinem Lieferwagen im kleinen texanischen Städtchen Killeen in die Auslagenscheibe einer Cafeteria. Er stieg aus und feuerte mit einer halbautomatischen Pistole 92 Schüsse auf die Restaurant-Gäste ab. Dann ging er auf die Toilette und erschoß sich selbst. 22 Menschen hat er ermordet.

Am nächsten Tag waren in allen Medien wieder einmal die Psychologen am Zug. Selbstverständlich fanden sie beim Täter Liebschaftsprobleme und eine fatale Mutterbeziehung. Aber warum hat er so viele Menschen ermordet? Der Erklärungsbedarf war groß und die Psychologen schienen in den letzten Jahren aus der Medienarbeit nicht herauszukommen. Denn seit 1977 gab es nicht weniger als 170 derartige Fälle zu kommentieren.

Im August 1991 hatte die Polizei in Biloxi, Mississippi, den tiefreligiösen Donald Leroy Evans verhaftet, der im Laufe der Vernehmungen sechzig Frauenmorde gestand, die ihm jedoch nicht alle nachgewiesen werden konnten. Zwei Wochen zuvor, im Juli 1991, war im Bundesstaat Wisconsin, nach dem Mord an einem Straßenjungen, Jeffrey L. Dahmer verhaftet worden. Die Polizei fand in seinem Haus die Torsos weiterer Leichen in einer Tonne. Im Kühlschrank und in der Tiefkühltruhe lagen Köpfe, in einem Kochtopf Genitalien. Außerdem gab es noch Skelette und Polaroid-Fotos, die alle Phasen der Zerstückelungen festhielten. Insgesamt werden ihm siebzehn Morde angelastet. Im Jänner 1991 war Aileen Wuornos verhaftet worden, die auf den Autobahnen Floridas neun oder zehn Männer ermordet hatte. Dabei waren der attraktiv wirkende Ted Bundy, der 36 Frauen ermordet, und der Bauunternehmer John Wayne Gacy, der 33 Burschen ermordet hatte, eben erst hingerichtet worden.

Das massenhafte Auftreten der Psychologen nach jeder dieser Festnahmen könnte jedoch Ausdruck desselben Phänomens sein, das sie zu erklären trachteten. Die Massenmorde erhielten genau jene massenhafte Beachtung und Anerkennung, die sie suchten. Eine Woche lang unterschieden sich die Täter von den Stars der neuen Gewaltfilme, wie *Das Schweigen der Lämmer* oder *The Texas Chainsaw Massacre*, nur dadurch, daß sie noch mehr Beachtung fanden und die Zahl ihrer Ermordeten und Zerstückelten noch rekordverdächtiger war. Das Bedürfnis nach solchen Massakern hängt sicher auch damit zusammen, daß die puritanische Moral einen wesentlich dichteren Stauraum bildet und durch die Ächtung jedes kleinen Fehltritts eine Neigung zum Exzessiven entwickelt. Sei es, daß sich das Publikum bei filmischen Menschenmetzeleien bestens unterhält, oder sei es, daß Psychopathen danach streben, sich die Lust des Massakers auch in Wirklichkeit zu gönnen.

Die auffälligste Gruppe in amerikanischen Gefängnissen bilden die Schwarzen. Auffällig deshalb, weil sie zur Zeit die Hälfte aller Gefangenen stellen. Kein Wunder, daß so mancher von Rassenjustiz spricht. Immerhin ist für einen Schwarzen die Wahrscheinlichkeit, im Gefängnis zu landen, gleich fünf mal so groß wie für einen Weißen.

Die Zahlen sind bekannt. Sie wurden sogar von einer Regierungsstelle veröffentlicht, vom Bureau of Justice Statistics. Es ist auch bekannt, daß doppelt so viele Schwarze arbeitslos sind wie Weiße und daß etwa vierzig Prozent der Schwarzen unter dem Existenzminimum leben. Bloß der Zusammenhang der beiden Statistiken wird systematisch ignoriert.

Würde der Staat mehr Geld in Sozial- und Arbeitsbeschaffungsprogramme stecken, könnte er sich viele Aufwendungen für Gefängnisse und Spezialeinheiten der Polizei sparen. Die beste

Gefängnisentlastung ist immer noch die Versorgung der Menschen mit dem Nötigsten. Aber staatliche Eingriffe in das wirtschaftliche Verteilungssystem werden nur in zwei Formen geschätzt: In der Form des Steuernachlasses und in der Form des staatlichen Auftrages an die Kriegsindustrie.

Das tödliche Gesetz

So sehr ich auch dafür plädiere, für die Eigenarten anderer Staaten Verständnis zu zeigen, so wenig will ich mich mit der in 37 US-Staaten gesetzlich verankerten Todesstrafe abfinden. Hier wird Leben nicht nach moralischen und menschenrechtlichen, sondern einfach nach Tauschprinzipien verrechnet. Wer einen anderen tötet, soll getötet werden. Auf dem elektrischen Stuhl, in der Gaskammer, durch Injektionen oder mit dem Strang. In Utah gibt es auch noch das Erschießungskommando. Drei Viertel aller Exekutionen sind auf nur vier Staaten konzentriert: auf Texas, Florida, Lousiana und Georgia, allesamt südliche Staaten.

Im Jahre 1974 wurde im Bundesstaat Montana die einundzwanzigjährige Lehrerin Lana Harding auf einem Feld tot aufgefunden, ohne Kleidung und ohne Schädelplatte. Sie war vergewaltigt und dann brutal ermordet worden. Einige tausend Kilometer entfernt, in Jacksonville, Florida, fand man etwa zur selben Zeit den achtzehnjährigen Steve Orlando auf einer Mülldeponie. Er war zuerst gefoltert und dann durch das linke Ohr erschossen worden. An seinen Bauch war mit dem Messer eine Mitteilung geheftet, unterschrieben mit »Schwarze Befreiungsarmee«.

Die beiden Morde hatten miteinander nichts zu tun. Lana Harding war Opfer eines Sexualverbrechens geworden, Steve Orlando Opfer des Rassenkampfes. Die Mörder wurden in akribischer Kleinarbeit ausgeforscht. Beide wurden zum Tode verurteilt.

Sechzehn Jahre nach ihrer Tat saßen Duncan P. McKenzie und Jacob Dougan immer noch in den Todeszellen und warteten auf ihre Hinrichtung. Dieses Schicksal teilten sie mit 2.345 anderen Männern und Frauen, deren Leben sich einzig um die zermürbende Frage dreht, wann die respektvollste Einrichtung der demokratischen Gesellschaft, die Justiz, die Güte haben wird, sie zu ermorden.

Während dieser sechzehn Jahre wurde das Todesurteil an etwa 150 Delinquenten vollzogen. Gleichzeitig wurden in den USA aber weitere 320000 Menschen ermordet, etwa 20000 pro Jahr. Das Schicksal der 150 Exekutierten scheint die neuen Täter nicht abgeschreckt zu haben. Aber gerade das wird von den Befürwortern der Todesstrafe immer behauptet.

Für ein schwarzes Baby ist die Wahrscheinlichkeit, einmal ermordet zu werden, etwa sechs mal so groß wie für ein weißes Baby. Aber noch größer ist, gemessen an weißen Mitbürgern, die Wahrscheinlichkeit, einmal vom Staat ermordet zu werden. Aber von den schwarzen Neugeborenen hat zur Zeit auch nur etwa die Hälfte eine Aussicht, einmal oberhalb des offiziellen Existenzminimums leben zu können.

Das Nord-Süd-Gefälle bei der Anwendung der Todesstrafe schafft selbst unter den Mördern noch Privilegierte und Benachteiligte. Die Überlebenschancen stehen für den Schwarzen Jacob Dougan in Florida weit schlechter als für den Weißen Duncan P. McKenzie in Montana.

Seit 1936 erhebt Gallup die Akzeptanz der Todesstrafe in der US-Bevölkerung. Sie lag Mitte der sechziger Jahre unter fünfzig Prozent. Seither ist sie beständig gestiegen. Ihren Höhepunkt erreichte sie 1989 mit 79 Prozent, als George Bush im Wahlkampf einen Mordfall dazu nutzte, um dem Todesstrafengegner Michael Dukakis gründlich eins auszuwischen. Zur Zeit ist sie kaum geringer. Das bedeutet, daß sich in den nächsten Jahren kein amerikanischer Politiker finden wird, der es wagte, das Thema Todesstrafe neu aufs Tapet zu bringen. Wenn doch, dann nur im Sinne einer Verschärfung. Im Herbst 1991 wurde die Androhung der Todesstrafe auf mehr als fünfzig zusätzliche Tatbestände ausgeweitet, darunter auf grob fahrlässige Tötung, auf politisch motivierte Anschläge und auf Drogenhandel großen Stils.

In ihrer Not haben sich die Gegner der Todesstrafe darauf verlegt, die Prozesse möglichst lange zu verschleppen. Jeder juristische Winkelzug wird ausgenützt. Die durchschnittliche Verfahrensdauer der zum Tode Verurteilten beträgt mittlerweile mehr als acht Jahre. Die Anwälte kämpfen um jede Woche Leben ihrer Mandanten. Vielleicht, so hoffen sie, eröffnet sich doch noch irgendeine Chance.

Woher soll sie kommen? Eine Studie, die der 1938 aus Österreich geflüchtete Universitätsprofessor Hans Zeisel gemeinsam mit Alec

M. Gallup herausbrachte, ergab, daß nur etwa ein Viertel der Befürworter der Todesstrafe zu diesem Thema überhaupt argumentationsbereit ist. Sie würden von ihrem Standpunkt abrücken, wenn alle Mörder wirklich ihr ganzes Leben hinter Gittern verbringen müßten und wenn hundertprozentig erwiesen wäre, daß die Todesstrafe keine abschreckende Wirkung habe. Für den Rest, nämlich für knapp mehr als die Hälfte aller Amerikaner, verkörpert die Todesstrafe schlicht und einfach das oberste Rechtsgut ihres Staates. Sie ist über jeden Zweifel erhaben.

Wer an der Todesstrafe rüttelt, rüttelt am Prinzip staatlich geschützter Freiheit. Die moralische Argumentation der Todesstrafengegner wird abgetan als irrelevant für die Praxis. Wenn es konkret wird, wiegen die Emotionen stärker als die moralische Vernunft. Ein Student sagte zu mir: »Die Todesstrafe ist moralisch nicht richtig, aber wenn jemand meine Schwester ermordet, bin ich dafür. Und jeder Ermordete hat Brüder, Schwestern, Vater und Mutter.« Andere argumentierten, die Exekution sei billiger als eine lebenslange Verwahrung.

Das Bemerkenswerteste an der Zeisel-Studie ist die darin zutage tretende soziale Schichtung der Befürworter. Unter der dominanten Machtgruppe Amerikas, die männlich, weiß, protestantisch und gut situiert ist, republikanisch wählt und zumindest High-School-Abschluß hat, erreicht die Zustimmung zur Todesstrafe 93 Prozent. Die niedrigste Zustimmungsrate erzielt die Todesstrafe bei Frauen afroamerikanischer oder hispanischer Herkunft, die keinen High-School-Abschluß haben und nicht republikanisch wählen. Unter ihnen ist eine deutliche Mehrheit gegen diese Art von unwiderruflicher Justiz.

Wer, so wie ich, bislang meinte, die Ablehnung der Todesstrafe sei eine Frage von Aufklärung und Bildung, wird durch die Zeisel-Studie gründlich widerlegt. Viel eher geht es dabei um die Frage, wer von der härtesten Durchsetzung der amerikanischen Ordnung profitiert. Und zu denen gehören auch die Intellektuellen.

Bei den Amish

Auf der breiten, endlos geraden Asphaltstraße stauen sich die Autos hinter langsam dahinzuckelnden Pferdefuhrwerken. Daneben, auf den Feldern, stapfen Bauern mit langen Haaren und breiten Hutkrempen hinter einscharigen Pflügen her. Bärtige, dunkle Gestalten begegnen einem auch in den Dörfern, am Abend mit Petroleumlampen. Und die Mädchen wenden ihre Gesichter ab, wenn man ihnen zu deutlich in die Augen schaut.

Mitten im hochindustrialisierten Gebiet von Ohio und Pennsylvania kann man unversehens in ein früheres Jahrhundert geraten. Doch dann wird man gewahr, daß die Bewohner dieses *history lands* keine bezahlten Schauspieler sind und daß sie nicht als Attraktion, sondern aus Tradition deutsch sprechen. Und plötzlich steht die Neugier für die Verrücktheiten der Amerikaner vor den Wunden der eigenen Geschichte.

Im Zuge der Gegenreformation, als Mitteleuropa zu dem wurde, was es im Großen und Ganzen noch ist, gab es in der Schweiz eine ansehnliche Gruppe von Wiedertäufern, die dem Joch der Kirche beharrlich Trotz boten. Sie waren gottesfürchtig und wollten nur anerkennen, was sie in der Bibel lasen. Was von Rom darüber hinaus erzählt und verlangt wurde, lehnten sie ab, so auch die Kindstaufe und den Kriegsdienst.

Unter dem Druck ihrer Gegner wichen sie nach Deutschland, ins Elsaß, in die Niederlande und auch nach Österreich aus. Eine stattliche Zahl von ihnen folgte den Auffassungen des westfriesischen Predigers Menno Simons, eines ehemaligen katholischen Priesters, dem die Reformer Luther und Zwingli zu kompromißbereit waren. Die Mennoniten waren von radikaler Friedlichkeit. Für das Verbrechen, die Bibel wörtlich zu nehmen und sich erst als Erwachsene taufen zu lassen, wurden allein bis 1575 etwa 7500 von ihnen hingerichtet.

Gegen Ende des 17. Jahrhunderts bildete sich um Jakob Ammann, einem mennonitischen Bischof aus der Schweiz, eine neue, wie man heute sagen würde, noch fundamentalistischere Gruppe. Ammann erweiterte das Abendmahl um die biblische Praxis der Fußwaschung, die von seinen Anhängern, den sogenannten Amischen, bis heute beibehalten wird. Auch trat er für eine deutliche Ächtung der Sünder ein. Die Amische Gemeinschaft hält ihre Mitglieder nach wie vor in sehr engen Banden umschlossen – was ein Grund dafür sein mag, daß es diese unzeitgemäße Religions- und Lebensgemeinschaft überhaupt noch gibt.

Als weder die Mennoniten noch die Amischen ihrer Gesinnung abschworen und auf eine immer länger werdende Ahnenreihe von Märtyrern zurückblicken mußten, beschlossen sie an der Wende zum 18. Jahrhundert auszuwandern. Ein Teil folgte einer Einladung Katharinas der Großen ins russisch-polnische Grenzgebiet Wolhynien. Eine Gruppe von über 2500 flüchtete in die entgegengesetzte Richtung, nach Amerika. Im spärlich besiedelten Land des Quäkers William Penn, genannt Pennsylvanien, fanden sie eine neue Heimat. Ihre Sprache nannten sie »deutsch«, doch die Indianer sagten »dutch«, und so heißt die Gegend um Lancaster, zwischen Philadelphia und Harrisburg, bis heute Dutch Country.

Erstaunlicherweise konnten die Amischen das Recht auf ihren religiösen und naturverbundenen Lebensstil bis heute durchsetzen. Schon George Washington war nicht begeistert, daß in den Siedlungsgebieten der Mennoniten, der Amischen und der Quäker kein Mensch bereit war, sich am Unabhängigkeitskrieg zu beteiligen.

Verwicklungen solcher Art bewogen einen Teil der Siedler, in das damals noch nicht eingegliederte Gebiet von Ohio weiterzuziehen. Einige Jahrzehnte später bekamen sie überraschenden Zuwachs von den Kindern und Enkeln der Rußlandemigranten. Zar Alexander hatte ihnen die russische Sprache verordnen und die Männer zum Militärdienst zwingen wollen. Da wanderten sie wieder einmal fort.

Heute sind die Unterschiede zwischen den *Amish* und den *Mennonites* viel größer als damals. Die Amischen haben sich nämlich erfolgreich jedem Fortschritt verweigert. Sie leben so asketisch und gottesfürchtig wie ehedem.

Alles, was mit den schöpferischen (göttlichen) Naturkräften konkurrieren will, lehnen sie ab: Autos, Elektrizität und alle Annehmlichkeiten, die damit verbunden sind, von der elektrischen Beleuchtung über den Kühlschrank bis zu Waschmaschine, Radio und TV.

Sie tragen mehr oder weniger Einheitskleidung. Die Frauen (und Mädchen) hochgeschlossene Kleider mit Schürzen, die gescheitelten Haare mit einem weißen Häubchen bedeckt. Die Männer und

Knaben einfache, meist dunkelblaue Arbeitsanzüge, die Hosen breit, die Sakkos ohne Revers, dazu dunkle Hüte mit breiten Krempen, zur Arbeit auch Strohhüte. Die Hosenträger sind festgenäht, denn Knöpfe sind den Amischen nicht erlaubt. Sie gelten als Schmuck. Darüber wurde in alten Zeiten ein Religionsstreit ausgefochten.

An den langen Bärten der Männer fällt auf, daß die Oberlippe stets abrasiert ist. Der Schnurrbart gilt als Zeichen der europäischen Militärtradition. Die Erinnerung an die Zeit ihrer Verfolgung halten die Amischen in Liedern, Texten und Verhaltensweisen lebendig. Von den Märtyrerschicksalen ihrer Vorfahren können sie unendlich lange erzählen – und in ihren Gebetsstunden singen.

Jeden Mittwoch fahren sie, wie vor zweihundert Jahren, mit ihren Pferdefuhrwerken zum Markt, um ihre Waren zu versteigern. Im Zentrum des geschäftigen Platzes, einem Anziehungspunkt für Händler aller Art, steht eine große Versteigerungshalle. Kälber, Ochsen, Pferde, Schafe und Schweine werden durch ein ausgeklügeltes System von Stallungen geschleust. Darüber, auf Holzstegen, defilieren die interessierten Käufer und Touristen.

Schon von weitem hört man einen eigenartigen Gesang, wie von einem Muezzin, nur viel viel schneller vorgetragen und im Tonfall katholischer Litaneien. Das ist der Ausrufer, der die Tiere in rasender Geschwindigkeit an den Mann bringt, in einer Sprache, die mir trotz größten Bemühens ein Rätsel blieb. Kaum hat ein Kalb ein paar Sprünge gemacht, ist es auch schon verkauft. Und die Kinder mit den Strohhüten und weißen Häubchen sitzen mittendrin und stopfen Cola und Pommes frites in sich hinein. Dies scheint für sie aber nur eine Art Feiertagsbeschäftigung zu sein, denn sie sind, im Gegensatz zu vielen anderen amerikanischen Kindern, nicht dick.

In einem Nebenraum werden von den Frauen die kleinen Waren versteigert: Geflügel, Eier, Brot, Käse, Gemüse und Kuchen. Sind die Geschäfte getan, trifft man sich in einem an die Versteigerungshalle angrenzenden Wirtshaus. Die Amischen haben eine wunderbare Küche, aber sie trinken seit Urväters Zeiten keinen Alkohol und rauchen auch nicht. Insofern passen sie schon wieder ganz gut in die moderne US-Gesellschaft.

Eingestimmt vom fremden Sound der Versteigerungshalle war ich erstaunt, daß ich im Wirtshaus das meiste, was die Menschen sagten, verstand. Die Sprache erinnert am ehesten an Schwyzerdütsch. Allerdings sind einige Amerikanismen unüberhörbar. Da bleut man als Sprachlehrer den Studenten von der ersten Stunde an ein, daß *I am well* nicht *ich bin gut* heißt, sondern *mir geht es gut*, und muß hier unter Deutschsprachigen hören, daß die Frage *Wia gohts da?* mit *I bin guat* beantwortet wird.

Die Zufriedenheit, die aus ihren Worten und Mienen spricht, scheint in krassem Gegensatz zu ihrer bescheidenen ökonomischen Lebensbasis zu stehen. Die meisten sind Kleinbauern, der zweitgrößte Teil Handwerker. Während die Großbauern der Umgebung trotz der enormen Produktivität ihrer Ländereien tief verschuldet sind und Jahr für Jahr darum betteln müssen, daß sie durch neue staatliche Kreditgarantien vom Ruin abgehalten werden, geht es paradoxerweise den ökonomischen Hinterwäldlern erstaunlich gut.

Dutch Country in Pennsylvania und Amish Country in Ohio können besser als jedes Lehrbuch die Absurdität der landwirtschaftlichen Entwicklung veranschaulichen. Da gibt es eine Gruppe von bewußt Rückständigen, die ihre Felder mit Pferden und Menschenhand bestellen, keinen Kunstdünger verwenden und infolgedessen auch vergleichsweise bescheidene Ernten einbringen. Und die dennoch mit Stolz auf ihre schmucken, oft auffallend schön herausgeputzten Häuschen verweisen können. Das Geheimnis ihres Erfolges ist ganz einfach: Sie haben nur ein Minimum an Investitionen.

Vor zweihundert Jahren hat Katharina sie nach Rußland geholt, weil sie am fortgeschrittensten waren in der Kunst des Ackerbaus. Sie wußten als einzige mit Kartoffeln etwas anzufangen, sie züchteten eine neue, ertragreiche Kleesorte, und sie gaben den Böden die Mineralien, die sie entnahmen, auf natürliche Weise wieder zurück. Ihre Felder sind heute so fruchtbar und so naturbelassen wie vor zweihundert Jahren. Sieht man ab von dem, was durch die Luft kam. Und das war zu Zeiten beträchtlich. Daß diesen einfachen Menschen, die das übersichtlich Handgemachte dem Risiko des Automatischen seit je vorzogen, mit dem ramponierten Atomkraftwerk von Harrisburg genau das vor die Haustür gesetzt wurde, was sie auf keinen Fall haben wollten, war schon ein wahres Teufelswerk.

Wenn die Amischen auch längst nicht mehr allein unter ihresgleichen leben, ist es ihnen durch ihre strikte Lebensführung dennoch gelungen, ihre Religion, ihre Kultur und ihren Stil aufrechtzuerhalten. Mittlerweile unterscheidet man solche, die nach der »Alten Ordnung« leben, von solchen, die einer »Neuen Ordnung« folgen, wobei die Zugeständnisse der letzteren an die neuen Lebensumstände nicht so weit gehen, daß sie zum Beispiel eine Stromleitung zu ihrem Haus verlegten oder ein Telefon installierten.

Allerdings wurde mir über einen alten Mann berichtet, der sein Seven up einfach im Kühlschrank des mennonitischen Nachbarn lagert. Ob dies auf Dauer gut geht, hängt auch von der Liberalität des zuständigen Bischofs ab. Ein Bischof, durch das Los auf Lebenszeit bestimmt, hat nur etwa 25 Familien zu betreuen. Wenn er will, kümmert er sich um jeden Schmarrn. Er hat das letzte irdische Wort. Darüber hinaus wird keine menschliche Autorität anerkannt. Es gibt nicht einmal eine Bischofskonferenz, geschweige ein Kirchenoberhaupt.

Die sehr engen Kontakte der Amischen beruhen nicht nur auf religiöser Gemeinschaft, sondern auch auf weitverzweigten Verwandtschaftsverhältnissen. Zuerst meint man, alle heißen Miller. Es kann auch sein, daß man meint, alle heißen Yoder. Bis man noch ein paar andere Namen entdeckt, ist man schon gut informiert.

Es gibt eine Amische Zeitung. Sie unterscheidet sich von herkömmlichen Zeitungen vor allem dadurch, daß jeder Leser ein potentieller Schreiber ist. Das Wochenblatt besteht ausschließlich aus Artikeln von Lesern, die Geschichten aus ihrem persönlichen Lebensbereich erzählen. Der eine schreibt, warum sein Haus abgebrannt ist, ein anderer, daß seine siebte Tochter den fünften Sohn eines Bäckers geheiratet hat und nun im Geschäft mitarbeitet. Was die US-Armee am Persischen Golf macht, wird man aus dieser Zeitung nicht erfahren, und die Amischen scheinen auf solche für uns unentbehrliche Informationen auch keinen besonderen Wert zu legen.

In groben Zügen erfahren sie das Weltgeschehen ja doch, denn sie teilen ihr Siedlungsgebiet von alters her mit den Mennoniten. Und die haben vor ihren Haustoren mit derselben Regelmäßigkeit riesige Satellitenantennen aufgestellt, mit der man dort früher Ziehbrunnen vorfand.

Für die Amischen ist die Erinnerung an die Zeit ihrer europäischen Verfolgung ein wichtiger Glaubensinhalt. Sie halten ihn auch dadurch aufrecht, daß sie ihre Andacht, so wie damals, als sie verboten war, in Privathäusern verrichten. In Mt. Hope sagte mir einer, daß er aus Österreich komme. Auf meine Frage, wie lange er schon hier sei, erhielt ich zur Antwort: Seit über zweihundert Jahren.

Oft treffen sie einander in Scheunen, wenn das der einzige Raum ist, der die kleine Gemeinde mit der traditionell großen Kinderschar aufzunehmen vermag. Da ihre Andacht aber gut sechs Stunden dauert und mit einem ausführlichen, wenn auch einfachen Mahl verbunden ist, das der jeweilige Gastgeber zu stellen hat, versammeln sie sich nur alle zwei Wochen zum Sonntagsgebet. Darüber hinaus gehört das Bibellesen ohnedies zum Alltag.

Heutzutage leben in den Siedlungsgebieten der Amischen und Mennoniten noch eine Menge sonstiger Amerikaner, die zugezogen sind, weil es dort weniger Straßenlärm gibt, oder weil das Leben geruhsamer ist, oder weil sie meinen, endlich einen friedlichen Flekken Erde gefunden zu haben. Dieser Zustrom brachte nicht nur Straßenlärm, Friedlosigkeit und chemisch erzeugte Dickleibigkeit in die Amisch-Dörfer, sondern auch öffentliche Schulen, die sich von den Schulen anderswo nur dadurch unterscheiden, daß vor und nach dem Unterricht eine Bibelstunde angesetzt ist und das Fach Deutsch eine herausragende Rolle spielt.

Daneben gibt es noch die traditionellen Amischen Privatschulen. Sie bestehen nach wie vor aus einem einzigen Raum mit festmontierten Bänken und Schreibpulten. Vorne, neben der Tafel, thront ein riesiger Kanonenofen. Außerhalb des auf allen Seiten mit Fenstern versehenen Gebäudes, stehen, in dezentem Abstand, aber schön symmetrisch angeordnet, zwei Plumpsklos auf der Senkgrube. Eines für die Knaben, eines für die Mädchen.

Diese einklassigen Holzbaracken werden von den Kindern genau acht Jahre lang besucht. Sie lernen darin Bibellesen und sie lernen alles, was sie im praktischen Leben brauchen können. Interessanterweise gibt es keine Religionsstunden in unserem Sinne. Denn an der Bibel gibt es nichts auszulegen. Es genügt sie zu lesen und die endlos langen Lieder zu singen, in denen die (Leidens-)Geschichte dieser Gemeinschaft erzählt wird.

Es gibt keine Schulnoten, es gibt keine Hausaufgaben und es gibt keine weiterführenden Schulen. Für ein Leben als Amischer Bauer oder Handwerker reicht das spielend. Am Ende haben die Kinder das Niveau der Lehrer erreicht und damit die Qualifikation, nun selbst zu unterrichten. Auch der Bischof hat keine zusätzliche Ausbildung erhalten. Priester in unserem Sinn gibt es nicht. Alle sind Priester.

Unter »Amish people« muß man sich vor allem junge Menschen

vorstellen. 53 Prozent sind unter achtzehn Jahre, siebzig Prozent sind nicht älter als dreißig Jahre. Der Rechtsstreit um ihr eigenes Schulsystem hat an die hundert Jahre gedauert. Er wurde erst 1972 zu ihren Gunsten entschieden. Davor ist so mancher Amische lieber ins Gefängnis gegangen als seine Kinder in öffentliche Schulen zu schicken. Heute können die Amischen in bestimmten Belangen wie ein eigener Staat agieren.

Wenn jemand stirbt, wird im betroffenen Haushalt drei Tage lang, während der Zeit der Totenwache, alle Arbeit von den Nachbarn erledigt. Mit keiner Tätigkeit können sich die Angehörigen über ihre Trauer hinwegschwindeln. Am vierten Tag wird der Leichnam in einer schlichten Holzkiste, die keine Verzierungen, keine Nägel und keine Scharniere haben darf, bestattet, unter großer Anteilnahme der Bevölkerung aus allen umliegenden und manch fernen Dörfern. Danach gibt es, wie auch bei uns in den Dörfern noch üblich, ein einfaches Totenmahl.

Der zunehmende Touristenstrom hat den Amischen das Leben leichter und schwerer zugleich gemacht. Ihre Küche wird allgemein geschätzt. Sie ist der österreichischen Küche nicht unähnlich. Mittlerweile gibt es Amische Marmelade in jedem besseren Supermarkt und um eine Amish Quilt (handgesteppte Decke) auf dem Bett liegen zu haben, läßt der amerikanische Mittelständler gut und gerne sechshundert Dollar von der Kreditkarte abbuchen. Die gesichtslosen Puppen der Amischen werden gleich im Dutzend gekauft. Man hat dann, für die Party zwischendurch, immer ein kurioses Gastgeschenk zur Hand.

Wenn man an einer Amish Bäckerei vorbeikommt, tut man gut daran, dem Beispiel der anderen Durchreisenden zu folgen und stehenzubleiben. Beißt man dann ins Brot oder in die Semmel hinein, weiß man plötzlich, was man so lange vermißt hat.

So wird dieses Volk erneut geteilt. In die einen, die begehrte Waren herstellen und damit, oft ohne besonderes Zutun, gute Geschäfte machen. Sie werden selbst nicht gewahr, daß sie mit jedem Dollar, den sie einnehmen, ihre biblische Anspruchslosigkeit mitverscherbeln. Wenn man die in den Wintermonaten gesteppten Decken einmal durch einen Mietchauffeur zur Verkaufsausstellung in den Fremdenverkehrsort bringen läßt, wird es nicht mehr lange dauern, bis man gleich selbst mit dem Lieferwagen dorthin fährt.

Aber daneben gibt es immer noch die anderen, die vielen kleinen

Bauern, Schneider, Hufschmiede, Sattler usw., die zwar keine Chance haben, gute Geschäfte zu machen, denen der Rummel um ihre Besonderheit aber auf andere Weise zusetzt. Ihre altherge-brachte kulturelle Identität, und besonders die ihrer Kinder, gerät in Bedrängnis. Aber nunmehr gibt es keinen Platz mehr auf der Welt, wohin sie ausweichen könnten. Oft sind es nur Kleinigkeiten, zum Beispiel das Fast-food-Restaurant in Mt. Hope, die können aber, wenn sie sich häufen, einen Lebensstil sukzessive aushöhlen, bis er reine Touristenattrappe wird. Die Amischen sind drauf und dran, Amerikas Tiroler zu werden.

Eine andere Kleinigkeit ist, daß man in strengen Amischen Haus-halten keinen Spiegel finden wird, höchstens eine Miniatur, so win-zig, daß man darin nie sein ganzes Gesicht sehen kann. Die Ami-schen wollen der Bibel nämlich entnommen haben, daß man sich nicht nur von Gott, sondern auch von seinem Ebenbild, dem Men-schen, kein Bild machen soll.

Aber was kümmert das diejenigen, die daran nicht glauben. Sie kaufen zwar die gesichtslosen Puppen, aber wenn sie sich am Markt-platz mit laufenden Videokameras und Fotoapparaten aufstellen, wundern sie sich, daß die niedlichen Objekte ihres weitherzigen kul-turellen Interesses verärgert die Gesichter abwenden.

Das Elend Amerikas

Die Pleite

Als ich aus den USA zurückkam, herrschte hier großes Rätselraten, warum George Bush seinen Amtskollegen Gorbatschow zuerst innig an die Brust genommen, aber dann doch die Milch nicht rausgelassen hat. Tatsächlich hat Bush alles getan, was er tun konnte. Doch die Zitze war längst leer.

Smarte Raketen zu liefern, wäre wohl zu früh gewesen. Überschüssiges Getreide bekommt jene halbe Welt, die einmal Sowjetunion hieß, ohnehin schon lange. Und Geld? Keiner der Staatsmänner, die in den letzten Jahren ins Weiße Haus gepilgert sind und vor der Presse ihre seimigen Litaneien auf die Größe Amerikas aufsagten, hat das bekommen, was er wollte. Denn die USA spielen nur die reichste Nation der Welt. In Wirklichkeit sind sie pleite.

Wenn man, so wie ich, in die doppelte Mittelmäßigkeit hineingerät, nämlich in den Mittelstand des mittleren Westens, kann man diese Tatsache leicht übersehen. Ich hatte ein geräumiges Haus mit mehreren Badezimmern und Toiletten gemietet und zahlte dafür nicht mehr als für meine Dreizimmerwohnung in Wien. Das Auto kostete die Hälfte, Benzin ein Drittel und Motoröl ein Zehntel unseres Preises. Für eine einstündige Servicearbeit in der besten Fremdenverkehrsgegend, nämlich am Grand Canyon, zahlte ich ganze acht Dollar. Legt man nicht gerade auf Haute Couture wert, kann man sich zu einem Spottpreis einkleiden. Statt Halbschuhen trägt man dann halt Tennisschuhe.

Kein Wunder, daß österreichische Schnulzen- und deutsche Showmillionäre, denen die Flugkosten nur ein Klacks sind, ihr Geld lieber in den USA als in Europa ausgeben. Sie bekommen mehr dafür. Und der Staat bekommt weniger davon.

Die kapitalistische Konkurrenzgesellschaft, die alles, was sich verkaufen läßt, zu niedrigsten Preisen herstellt, scheint auf den ersten Blick prächtig zu funktionieren. Genau so, wie die postkommunistischen Politiker es sich wünschen. Ich weiß nicht, wie umfassend sich Boris Jelzin 1990 in den USA umgehört hat. Man sah ihn mit Reichen und Mächtigen Whisky trinken. Soweit ich es verfolgen konnte, bewegte er sich auf den hegemonialen Pfaden der WASPs, der weißen, angel-sächsischen Protestanten. Aber das tat ich ja auch. Und es gibt absolut keinen Grund, diese Pfade zu verlassen, es sei denn diesen, sich selbst seiner Illusionen zu berauben.

Daß die USA pleite sind, behaupte ich nicht wegen des tristen Zustands der Staatsfinanzen, obwohl das gigantische Defizit von 350 Milliarden Dollar und eine Auslandsschuldenlast von mehr als dreitausend Milliarden Dollar allein schon dieses Prädikat rechtfertigen würden. Immerhin haben sich die USA unter Reagan vom größten Geldverleiher der Welt ins größte Schuldnerland der Welt verwandelt. Und George Bush hat es geschafft, das von Reagan hinterlassene Staatsdefizit innerhalb von vier Jahren noch einmal zu verdoppeln. Nicht besser erging es der Industrie. Ihre Verschuldung stieg von 1400 Milliarden Dollar im Jahre 1980 auf 3700 Milliarden im Jahre 1991.

Ich lese mein Urteil auch nicht am schlechten Zustand der Straßen ab, die sich mit den Holperwegen der ehemaligen kommunistischen Staaten durchaus messen können. Ich habe nichts gegen schlechte Straßen, wenn sie nur ein Hinweis darauf sind, daß das Geld für Besseres ausgegeben wird. Staatsfinanzen und Straßen sind für ein so reiches und produktives Land, wie es die USA nach wie vor sind, langfristig reparabel.

Die USA sind auch nicht pleite, weil sie zuviel Geld für Rüstung ausgegeben haben. Es ist zwar richtig, daß sich das Verhältnis von Sozial- und Militärausgaben fast exakt umgekehrt hat. 1980 betrug der Anteil der Sozialausgaben am Budget 28 Prozent, jener der Militärausgaben nur 22 Prozent. 1987 war es umgekehrt: Die Militärausgaben machten 28 Prozent aus, die Sozialausgaben waren auf 23 Prozent gesunken. Das war eine zwar einseitige, aber nicht unwirksame Form von Wirtschaftsförderung, eine schleichende Umstellung auf Kriegswirtschaft. Man mag vielleicht erwarten, daß bei einer so massiven zentralistischen Wirtschaftsförderung Produkte entstehen, die anderen zugute kommen. Aber abgesehen von dieser weltweiten Verschleuderung von Ressourcen für die Verbreitung von Zerstörung und Sinnlosigkeit, wird es den amerikanischen Arbeitern lieber gewesen sein, bei der Panzer- oder Flugzeugherstellung einen regulären Lohn zu erhalten, statt einer Notstandshilfe als Arbeitsloser. Mittlerweile sind es 35000 Firmen mit mehr als drei Millionen Beschäftigten, die ihre Waren nicht dem Kunden auf dem freien Markt, sondern dem Pentagon verkaufen. Und da erwartet jemand, daß Reduzierung der Rüstungsindustrie in den USA eine populäre Forderung sein soll? Sie werden das Zeug mehr denn je herstellen und sie werden auch in Zukunft ihre Lager wieder einmal räumen müssen.

Nicht weil sie zuviel Geld ausgegeben haben, sind die USA pleite, sondern weil sie für einen bestimmten Bereich das Geld immer zu spät ausgeben – nämlich für Sozialpolitik. Dadurch hat sich, vor allem in den Städten, ein Ausmaß an Verelendung und Zerstörung entwickelt, dem auch eine anhaltende Hochkonjunktur auf absehbare Zeit nicht mehr gewachsen sein dürfte. Während noch vor zwei Jahrzehnten die Armut in den ländlichen Gebieten weitaus größer war als in den Städten, ist es heute umgekehrt.

Die Pleite der USA ist letztlich nicht an Zahlen zu messen, sondern an Menschen und ihren Lebensbedingungen. An den 35 Millionen, die keine Sozialversicherung haben. An den schwarzen Kindern, von denen die Hälfte unterhalb der offiziellen Armutsgrenze lebt. An den vielen Jugendlichen, die aus den Schulen der »schlechten« Gegenden vorzeitig ausscheiden, ohne lesen und schreiben zu können. An Stadtteilen, die nur noch darauf warten, ummauert und von der Zivilisation aufgegeben zu werden.

Über die Städte

Als wir in die Hauptstadt kamen, wurde uns gleich von mehreren Bekannten eingeschärft, welche Gegenden wir auf keinen Fall aufsuchen sollten. Washingtons schwarze Stadtviertel gelten als die gefährlichsten der USA. Als wir nach Houston kamen, warnten die Reiseführer vor dem Nordosten und die Zeitungen vor dem Südosten. Dort wurden allein in der Zeit unseres dreitägigen Aufenthalts vier Menschen ermordet. Es ist überall dasselbe. In die Innenstädte stopfte man immer mehr Hochhäuser hinein und wollte nicht wahrhaben, daß die angrenzenden Wohngebiete von den Nachschublinien verwüstet wurden. Sie sind heute nichts als Zwischenstraßenland.

Will man sich eine faßliche Vorstellung von Detroit machen, so denke man sich den 1. Wiener Bezirk vollgestopft mit Hochhäusern und Parkgaragen. Die angrenzenden Bezirke denke man sich im

Zustand von 1945. Ausgebrannte Ruinen, Obdachlose, Hungrige, Schwarzhändler und Polizisten. Den 22. Bezirk stelle man sich als riesiges Einkaufszentrum vor. Die Nobelbezirke Hietzing und Döbling seien gut gesichert und bewacht, ansonsten könnten sie bleiben, was sie sind. Die Donauufer gehören bis nach Hainburg hinunter einer maroden Schwerindustrie. Und dann sollte man sich noch vorstellen, daß es in der Stadt mehr Waffen als Einwohner gibt. Als Trost kann man am Abend herrliche schwarze Musik hören, die genau dieses Elend beschreibt.

Zugegeben, Detroit ist ein extremes Beispiel, aber kein untypisches. Ob in Pittsburgh, in Cleveland oder in Buffalo, an den Fluß- und Seeufern gibt es nur Industrie und Autobahnen. In den Stadtzentren spielen Hochhauskathedralen postmodernistische Kunststücke, direkt angrenzend Ruinen und Slums – die aufgegebenen Wohngebiete des Mittelstands.

Weiter draußen wechseln gigantische Einkaufszentren und bessere Wohngebiete einander ab. Den Innenstädten geht langsam der Atem aus. Wer nicht dort arbeitet, meidet sie. Einkaufen fährt man längst stadtauswärts. Und wer es sich leisten kann, wohnt in der Vorstadt. Portland, das wegen seiner großartigen Lage und seiner extravaganten Architektur immer als eine Perle unter den amerikanischen Städten galt, geht es da nicht anders. Durchschreitet man das protzige Tor zur Chinatown, ist man plötzlich reich und umgeben von Menschen, für die niemand mehr zuständig ist. Am Abend ziehen sie in die verlassene Innenstadt.

Um der Verslumung entgegenzutreten, wird vieles, was es hier schon einmal gab, noch einmal erfunden: die Straßenbahn, öffentliche Plätze, Springbrunnen, Sitzbänke. Das Flußufer wird von der Stadtverwaltung stückweise zurückgekauft. Alles dreht sich um die Frage, wie man die Innenstadt wieder mit Menschen füllen kann.

Fast alle größeren, aber auch viele kleinere Orte haben Bezirke, die man nicht betritt. Ich bin in vielen solchen Stadtteilen gewesen, in Detroit, Chicago, St. Louis, New Orleans. Man sieht dort nicht viel. Verkommene, oft ausgebrannte Häuser und viele, meist schwarze Menschen am Straßenrand. Diese Viertel haben mit dem Leben des mittelständischen Amerikaners nichts zu tun. Es ist, als wären sie nicht vorhanden. Wahrgenommen werden sie nur in der Form der Kriminalstatistik. Aber die ist nicht wirklich erschreckend. Man lebt ja schließlich nicht in diesen Vierteln.

Charleston in South Carolina ist eine wunderschöne Stadt. Oder sagen wir besser: Jener Teil der Stadt, der ans Meer grenzt, und in dem, meiner Wahrnehmung nach, nur Weiße wohnen, ist wunderschön. So viele schöne Villen habe ich noch nirgendwo versammelt gesehen. Früher lebten in diesem Stadtteil mehrheitlich Schwarze. Sie waren die Sklaven in den Villen. Heute leben sie in den äußeren Stadtteilen, in großteils verkommenen und verwahrlosten Bezirken. Ist das nun Fortschritt?

Ich habe bei der Besichtigung der Armenviertel nie irgendwelche Probleme gehabt, es sei denn dies, daß ich es nicht wagte zu fotografieren. Manchmal habe ich es doch getan, mit Teleobjektiv, aber ich hatte immer ein schlechtes Gewissen dabei. In den USA versuchen die Menschen ihre Armut zu verstecken, weil sie darin ein persönliches Versagen sehen. Auch unter den Ärmsten herrscht die Ansicht vor, jeder sei für sein Glück oder Unglück selbst verantwortlich. Multimillionäre wie Michael Jackson, der in der Stahlstadt Gary, in Indiana, aufwuchs und dessen Karriere im Armenviertel von Detroit begann, gelten als Beweis dafür, daß der Aufstieg immer noch möglich ist.

Der Geruch der Unbrauchbaren

Einige Monate bevor ich zu einer längeren Reise in die ehemaligen Sklavenhalterstaaten aufbrach, las ich einen amerikanischen Zeitungsbericht über Leipziger Skinheads, die einen Schwarzen aus dem Straßenbahnfenster geworfen hatten. Mich machte der Bericht traurig, und es überkam mich erstmals ein Gefühl von Europamüdigkeit. Mit zunehmender Einwanderung aus dem Süden, dachte ich damals, stehen uns Probleme, die Amerika einigermaßen in den Griff bekommen hat, erst bevor. Aber hat Amerika die ethnischen Probleme wirklich in den Griff bekommen? Mag sein, daß ich mich zu lange in der liberalen Atmosphäre von Colleges und Universitäten aufgehalten hatte, um die Wirklichkeit zu sehen.

In Amerika werden keine Schwarzen aus dem Fenster öffentlicher Verkehrsmittel geworfen. Aber es ist erst ein paar Jahrzehnte her, seit sie dort geduldet werden. Es war 1955, als Rosa Parks aus Montgomery in Alabama sich weigerte, in einem fast leeren Bus ihren Platz einer Weißen zu überlassen. Damals, so schrieb der Bürgerrechtskämpfer Eldridge Cleaver, »hat irgend jemand im Universum einen anderen Gang eingelegt«. Rosa Parks wurde verhaftet und zu einer Geldstrafe von hundert Dollar verurteilt. Dieser an sich unscheinbare Vorfall war jener Tropfen, der das Faß zum Überlaufen brachte. Martin Luther King organisierte einen einjährigen Boykott der öffentlichen Verkehrsmittel. Er endete mit einer Aufhebung der Rassentrennung bei den Buslinien. Doch der Kampf gegen die Rassendiskriminierung hatte damit erst begonnen. Ein erster Höhepunkt war der Marsch nach Washington im August 1963, bei dem Martin Luther King seine berühmt gewordene Rede hielt, die mit den Worten begann: »Ich habe einen Traum«.

Im Sommer 1964 fuhren drei Studenten nach Philadelphia, Mississippi, um die Schwarzen davon zu überzeugen, daß sie sich als Wähler registrieren lassen sollten. Einen Tag später waren die drei Studenten tot, erschlagen von ortsansässigen Mitgliedern des Ku-Klux-Klan. Der Bezirkssheriff und sein Stellvertreter waren in den Mord verwickelt. Sie behinderten die Untersuchungen nach Leibeskräften. Mehr als hundert FBI-Agenten wurden zum Sondereinsatz ausgesandt. Nach 44 Tagen fanden sie die Leichen der Studenten in den umliegenden Sümpfen.

Der Staat Mississippi hat niemals Mordanklage erhoben. Acht der achtzehn Angeklagten wurden schließlich wegen Verschwörung nach Bundesrecht verurteilt. Sie sind längst wieder auf freiem Fuß. Die Höchststrafe war zehn Jahre, in einem Land, in dem auf Mord gewöhnlich die Todesstrafe steht.

Die Polizei erschoß nacheinander so gut wie alle Führer der Black-Panther-Bewegung. Die Aufstände in den Großstadtghettos forderten Hunderte von Todesopfern. In Detroit wurde das Ghetto von der regulären Armee mit Fallschirmjägern geräumt. Auf den Straßen patrouillierten Panzer. War das der Sieg des Panzerkapitalismus? In Memphis wurde Martin Luther King ermordet. Er wird heute in den gesamten USA wie ein Heiliger verehrt. Die Bürgerrechtsbewegung war, trotz der hohen Opfer, erfolgreich.

Daß dennoch etwas nicht stimmt, kann selbst dem oberflächlichsten Touristen nicht verborgen bleiben. Man braucht keine große Reise durch die Südstaaten zu unternehmen. Es genügt, in New York an der populären Schiffsrundfahrt mit der Circle Line um

Manhattan teilzunehmen. Zuerst umschifft man die spektakulären Wolkenkratzer des Bankenviertels, dann, am East River, die teuren Wohnlagen in luftiger Höhe, für die man das durchschnittliche Jahresgehalt eines Österreichers als Monatsmiete ablegen müßte. Ab der 100. Straße wird es schlagartig uninteressant. Die Touristen wenden sich einem Snack zu. Die Lautsprecherstimme, die immer alles so geistreich und witzig kommentiert hat, verstummt.

Etwa eine halbe Stunde später, am Hudson River, wenn man an der Columbia-Universität vorbeifährt und vor sich die zweistöckige George Washington Brücke sieht, kehrt der Lautsprecherwitz aufs Deck zurück. Aber was war dazwischen? Linkerhand Harlem und rechterhand die South Bronx. Darüber gab es nichts zu erzählen. Und es gibt auch nichts zu sehen, außer Autobahnbrücken, ausgebrannte Häuser, Industrieruinen und Abfall aller Art.

Doch blickt man genauer hin, merkt man, daß die Ruinen und Müllsteppen bewohnt sind. Und zwar ausschließlich von Schwarzen. Unter den Autobahnen ducken sich, kaum sichtbar, armselige Behausungszeilen. Verschläge aus Brettern, Pappe und Wellblech, die mich, hätte ich sie nur auf Bildern gesehen, an Mexikos Nezahualcoyotl hätten denken lassen, aber niemals an Manhattan.

Ob in einer Gegend die Kaufkraft gesunken ist, zum Beispiel durch Entlassungen, kann man am Stadtbild ablesen. Nichts sieht trostloser aus als aufgelassene Einkaufszentren. Sie sind ein Indikator beginnender Verslumung. Denn die Geschäftsleute sind die ersten, die aus »schlechten« Gegenden flüchten. Leerstehende Malls umgibt, stärker als leerstehende Wohnhäuser, eine Aura des Verfalls. Wie die Geier fallen die Underdogs über den architektonischen Kadaver her und zerfleischen ihn. Bis das Gras aus dem Asphalt wächst.

Warenhausruinen verbreiten einen anhaltenden Geruch. Es ist der Geruch der ökonomisch unbrauchbaren Gegend. In konzentrischen Kreisen breitet er sich aus. Die Geschäftsleute fliehen, Kreis für Kreis, der Verfall zieht nach. Er hat erkennbare Gründe und eine meßbare Geschwindigkeit. Doch wer wollte sich seiner Kraft widersetzen? Der Staat?

Städte wie Washington, Detroit, New York, Dallas und Los Angeles sind unregierbar geworden. Regieren würde heißen, Probleme zu lösen. Doch das Problem der Verelendung und Kriminalität in diesen Städten ist nicht mehr zu lösen. Es ist kaum noch verwaltbar. Die Mittel, mit denen man den Verfall hätte aufhalten können, beanspruchen jetzt Polizei, Gerichte, Armenspitäler, Obdachlosenheime und Drogenfahnder.

Ira Reiner, Oberstaatsanwalt von Los Angeles County, vermutet, daß in diesem Ballungszentrum vielfältigster Kulturen mit fast neun Millionen Einwohnern etwa 130000 Jugendliche in Gangs organisiert sind. Allein für das Jahr 1990 werden den Aktivitäten dieser Jugendlichen 18059 Gewaltverbrechen und 690 Morde zugeschrieben. Die gut bewachten Wohngebiete des weißen Mittelstands sind davon kaum berührt. Zumeist bringen sich die Mitglieder verfeindeter Gangs gegenseitig um. Die beliebteste Methode besteht darin, aus dem fahrenden Auto herauszuschießen. »Drive-by shooting« heißt das.

Die Stadtverwaltungen von Los Angeles und Long Beach waren bislang gegenüber den seit Jahrzehnten operierenden Jugendbanden machtlos. Die Gangs sind nach ethnischen Gesichtspunkten organisiert. In ihren Kämpfen spiegeln sich die Integrationsprobleme der neu ankommenden ethnischen Gruppen, die »automatisch« in die schlechten Wohngebiete abgedrängt und von den dort Ansässigen als Feinde empfunden werden, die ihnen den Lebensraum streitig machen. Waren vor einigen Jahrzehnten, als immer mehr Hispanics in die Gegend von Los Angeles zogen, die schwarzen Gangs (mit Namen wie »Bloods« und »Crips«) die gefürchtetsten, so sind sie mittlerweile den hispanischen »Longos« längst unterlegen, die auf einen permanenten Nachschub aus Mexiko und Lateinamerika zurückgreifen können. Allerdings sind neuerdings die »Longos« in arge Bedrängnis durch kambodschanische Gangs mit Namen wie »Tiny Rascals« und »Asian Boyz« gekommen, die sich durch eine besonders gute Organisation und Flexibilität im Kampf auszeichnen. Was nicht verwundert, sind die kambodschanischen Gangs doch von Jugendlichen gegründet worden, die auf den Schlachtfeldern Südostasiens aufwuchsen.

Von der Abschaffung des Elends und der darauf basierenden Kriminalität wird nicht einmal mehr geträumt. Niemand weiß, wie man das bewerkstelligen sollte. Die amerikanischen Städte sind der Beweis, daß der Sozialpolitik vorenthaltene Mittel einen wesentlich höheren Zinsfuß haben als die teuerste Auslandsschuld.

Eine tolle Campingkultur

Das Hauptproblem der amerikanischen Sozialpolitik besteht darin, daß sie immer erst im nachhinein wirksam wurde. Nicht daß kein Geld dafür da wäre. Die Mittel, die für Soziales aufgewendet werden, sind beträchtlich. Doch sie sind nichts als eine Fülle von Notmaßnahmen. Zuerst läßt man den freien Markt werken. Wenn der Schaden groß genug ist und Wahlen anstehen, versucht man zu kitten. Denn natürlich soll in den USA niemand verhungern. Durch die nur im nachhinein flüssig gemachten Sozialmittel wird aber keine neue Überlebensstruktur geschaffen, sondern höchstens eine Dauerabhängigkeit. Denn selbstverständlich zaubert eine Sozialhilfe keinen Arbeitsplatz her.

Fred Starr, der Präsident des Oberlin Colleges, sieht darin das Hauptproblem. Er ist nicht nur ein ausgezeichneter Jazzklarinettist und Kenner der Sowjetunion – über beide Gebiete hat er mehrere Bücher veröffentlicht –, sondern auch ein eingefleischter Republikaner. Sozialfälle, erklärte er mir, werden in erster Linie durch Sozialhilfe produziert. Der Staat mache die Menschen, indem er sie unterstützt, passiv und abhängig. Wenn man den Armen Geld, Lebensmittelmarken, Krankenversicherung und Wohnungsbeihilfe gebe, schaffe man damit einen Anreiz, genau davon zu leben. Die Menschen verlernten das Arbeitsethos, und so manche alleinstehende Frau mit Kind bekomme mittlerweile von der Regierung mehr, als sie von einem arbeitenden Ehemann erhalten würde. Das sei der wahre Grund, warum in den schwarzen Ghettos vierzig Prozent der Mütter Alleinerzieher sind. Eine Kürzung der Wohlfahrt würde die Menschen aktivieren und sie zwingen, selbst eine wirtschaftliche Infrastruktur aufzubauen.

Eine solche Argumentation findet sich auch in den Publikationen von Charles Murray, Nathan Glazer, Leslie Lenkowsky und Lawrence M. Mead. Für das Anwachsen von Armut, Jugendarbeitslosigkeit, Drogenmißbrauch und Kriminalität in den späten siebziger Jahren wird der Staat verantwortlich gemacht. Aber nicht, weil er sich zu wenig um Sozialpolitik gekümmert hätte, sondern weil er, unter der Regierung von Jimmy Carter, die Notstandshilfe so ausbaute, daß viele angeblich bequem davon leben konnten.

Für sein Konzept eines Wirtschaftsliberalismus in Reinkultur findet Fred Starr in Oberlin nicht viele Anhänger. Aber vielleicht in der ehemaligen Sowjetunion, wo er, als Leiter amerikanischer Wirt-schaftsdelegationen, regelmäßig zu Gast ist. Mag auch dieses Konzept schon in der Reagan-Ära gescheitert sein, so war es immerhin ein wirtschaftspolitisches Konzept, über dessen Auswirkungen man vor einigen Jahren noch streiten konnte. Tatsächlich haben nämlich die Kürzungen der Sozialausgaben in den späten achtziger Jahren zu einem weiteren Anwachsen von Armut und Kriminalität in den bereits existierenden Großstadtghettos geführt – und nicht zum Gegenteil. Was die Anhänger von Reagan damit erklären, daß der Präsident durch die spätere demokratische Kongreßmehrheit keine Möglichkeit hatte, sein Konzept wirklich durchzuziehen.

Eine marktwirtschaftliche Radikalkur wird zum Beispiel vom einflußreichen konservativen Vordenker Patrick Buchanan empfohlen, der damit den rechten Rand der Republikaner stärkt und neu organisiert. Der Ruf nach einer härteren Justiz, nach einem Verbot der Abtreibung und nach Einführung eines obligatorischen Schulgebets mischt sich für Buchanan ganz selbstverständlich mit dem Ruf nach einer Suspendierung der Förderungsprogramme für Minderheiten und der Forderung nach einer drastischen Senkung der Sozialmittel für die etwa 34 Millionen Armen.

Aus dem Mund einer halbösterreichischen Studentin in Portland, Oregon, hörte sich das Ganze um eine Nuance anders an. Ihr Vater war von Kärnten nach Amerika ausgewandert und hat dort offenbar sein Glück gemacht. Sie meinte, man solle die Schwarzen einfach sich selbst überlassen und nicht ständig für sie Konzepte ersinnen. Sie seien es nicht gewohnt zu arbeiten, sie lebten lieber auf der Straße und in Hütten als in Häusern – das sei eben ihre Kultur. Wer nicht arbeiten wolle, dürfe auch auf der Straße leben. Meinen Einwand, es gäbe zu wenig Arbeitsplätze, ließ sie nicht gelten. In Amerika könne jeder, ohne irgendwelche Formalitäten, einfach ein Unternehmen aufmachen.

Bei diesem Gespräch am Rande der pazifischen Sommerschule im Lewis-und-Clark-College, zu einem Glas Wein, das eigentlich der Verdauung eines Vortrags über Goethes »Iphigenie« hätte dienen sollen, wurde mir klar, daß der Liberalismus zwei grundverschiedene Seiten hat. Es gibt einen kulturellen Liberalismus, dem die freie Entfaltung aller ein Anliegen ist. Und es gibt einen ökonomischen Liberalismus, der kümmert sich nur um die Entfaltung der eigenen Geldtasche und hält die Baisse in der Geldtasche des anderen für eine kulturelle Bereicherung. Tatsächlich wird ja immer wieder von der Ghettokultur gesprochen, die eine Welt für sich bilde und nicht nach den Standards von außen beurteilt werden dürfe. Dazu gehöre zum Beispiel, daß die Kinder in Familien mit getrennten Eltern aufwachsen und sich in Jugendbanden organisieren. Daß die Ghettokultur aber keine genuine Kultur, sondern – wenn auch zumeist negativ – von den Standards der Außenwelt abhängig ist, wird dabei leicht übersehen. So ist zum Beispiel in jenen Haushalten, wo zumindest ein Elternteil Arbeit hat, der Anteil der getrennt lebenden Eltern nur halb so hoch wie unter den ganz auf Wohlfahrt angewiesenen Haushalten, wo kein Elternteil Arbeit hat.

Ich erinnere mich, wie wir uns in Miami nachts mit dem Auto verirrt hatten. Wir kamen in eine Gegend, die schlecht beleuchtet war. Dort lagen die Obdachlosen gleich zu Hunderten auf der Straße. Soweit ich sehen konnte, waren alle schwarz. Blickte man die Straße entlang, sah man die nahe Skyline der Innenstadt. Beim Wein mit der halbösterreichischen Studentin stellte ich mir vor, ich hätte in Miami das Fenster heruntergekurbelt, aufmunternd den Daumen hochgestreckt und gesagt: Ich steh' auf Eure Campingkultur. Einen tollen Platz habt Ihr Euch hier ausgesucht.

Es fällt mir schwer, aus meinen Beobachtungen ein Resumee zu ziehen. Und ich bin, nach vielen Diskussionen mit Amerikanern, auch nicht in der Lage zu sagen, wie die Probleme konkret angegangen werden müßten. Eine grundlegende Reform der Sozialversicherung wird in jedem Fall nötig sein. Denn wie die Dinge zur Zeit liegen, bekommen zwar die auf Wohlfahrt Angewiesenen eine ärztliche Notversorgung, aber viele, die in schlecht bezahlten Jobs arbeiten, müssen für Arzt und Krankenhaus selbst aufkommen. Was die Lust auf schlechte Jobs nicht gerade erhöht. Tatsache ist, daß es zwar nicht gesetzlich, aber de facto in den USA bis heute eine Rassentrennung und eine Rassendiskriminierung gibt. Die schwarzen Wohnviertel sind meistens die ärmsten.

Städte mit hoher Zuwanderungsrate zerfallen unwillkürlich in ethnische Stadtteile mit geringer sozialer Durchlässigkeit. Kaum in einer Stadt der Welt sind die Rassen so deutlich getrennt wie in Los Angeles. Ein Tourist, der die Meeresnähe sucht oder die Attraktionen der Stadt, wird vor allem auf die weiße Mittelklasse treffen. Die Mehrheit der Bewohner lebt jedoch in Chinatown, Koreatown und Watts, einem ehemals schwarzen Stadtviertel, in dem sich die

Hispanics immer größere Anteile sichern. Ein extremer ethnischer Bevölkerungswechsel erfolgte im Vorort Inglewood. In der dortigen High School waren vor zwanzig Jahren neunzig Prozent der Schüler weiß. Vor zehn Jahren waren neunzig Prozent der Schüler schwarz. Heute sind 48 Prozent Latinos.

In Los Angeles bilden die Weißen nicht mehr die Mehrheit der Einwohner. In Kalifornien insgesamt wird es bald so weit sein. 1980 waren 76 Prozent der Kalifornier weiß, 1990 nur noch 57 Prozent. In der 120 Mitglieder zählenden Legislative hingegen gibt es nur zehn Schwarze, sechs Latinos und bislang keinen Asiaten. Um die Jahrtausendwende wird die weiße Bevölkerung eine Minorität unter anderen sein. In gewisser Weise ist das ein spannender Prozeß, weil sich die Probleme des Multikulturalismus bislang in keinem Industrieland in dieser Schärfe gestellt haben. Da absehbar ist, daß im Zuge des sich zuspitzenden Nord- Süd-Konflikts auch viele europäische Städte in eine ähnliche Lage kommen werden, ist es auch für uns von höchstem Interesse, wie Amerika die notwendige Adaption des politischen und gesellschaftlichen Lebens an die multikulturellen Bedingungen bewerkstelligt.

Manche, vor allem europäische Linke, prophezeien das Auseinanderbrechen der amerikanischen Gesellschaft. Ich werde bei solchen Prognosen das Gefühl nicht los, daß dabei immer noch ein in den Vietnamkriegsjahren aufgebautes Wunschdenken mit im Spiel ist.

Vorläufig jedenfalls hat die rasche Umschichtung der Bevölkerung die ethnischen Spannungen in Kalifornien deutlich erhöht. Die zwischen Schwarzen und Asiaten und die zwischen Weißen und allen anderen. In diesem traditionell sehr toleranten Staat gibt es mittlerweile kaum mehr einen Weißen, der öffentlich die Idee des »Schmelztiegels« propagiert. Oder wie es Leo Estrada, Professor für Stadtplanung an der Universität von Kalifornien in Los Angeles, ausdrückte: »Es ist nicht mehr vorstellbar, daß ein Bürgermeister mit einem Programm für größere kulturelle Vielfalt kandidiert und gewinnt.«

Aber ist das in Europa vorstellbar? Hier ist es doch so, daß Fremdenhaß und Rassismus trotz eines Wirtschaftsbooms zunehmen, während sich in den USA diese Entwicklung vor dem Hintergrund einer überall spürbaren Wirtschaftskrise abspielt. Man muß Amerika zugute halten, daß zumindest in den letzten Jahrzehnten wirtschaftliche Prosperität immer mit Fortschritten im Abbau von Rassismus verbunden war.

Zur Zeit hätte es auch eine koordinierte Integrationspolitik schwer, mit den Problemen zu Rande zu kommen, da es einen enorm hohen illegalen Einwanderungsstrom aus Mexiko gibt. Die Einwanderungsquote wurde ab 1992 auf 700000 jährlich festgelegt. Aber de facto werden es viel mehr werden. In einem halben Jahr wurden allein in der Gegend von San Diego eine Viertelmillion illegaler Einwanderer von der Polizei aufgegriffen und abgeschoben. Die Experten streiten darüber, wie viele nicht erwischt wurden. Eine halbe Million, oder eine dreiviertel Million? In Texas wird der Rio Grande (oder Rio Bravo, wie er auf mexikanischer Seite heißt) täglich von weit über tausend unerwünschten Einwanderern durchschwommen. Die Grenzpatrouillen der texanischen Steppe benutzen Pferde, die an Seilen befestigte Autoreifen nachziehen, um bei den hinter Kakteen und Gestrüpp versteckten Grenzgängern Hustenreiz auszulösen und sie so aufzuspüren.

Doch die Grenze zu Mexiko ist insgesamt mehr als dreitausend Kilometer lang. An einigen Stellen wird gerade ein »eiserner Vorhang« aufgezogen. Bisher von der Polizei nicht kontrollierbare Fluchtwege werden mit einem drei Meter hohen Zaun aus Stahlgitter blockiert. Und das in einer Zeit, in der ein Freihandelsabkommen zwischen den USA und Mexiko unmittelbar vor dem Abschluß steht. Die Waren dürfen dann ungehindert die Grenze passieren, die Menschen nicht.

Stadtwanderungen

Daneben gibt es eine Form von urbanem Verfall, die nicht unbedingt mit Rassentrennung zu tun hat. In den amerikanischen Städten scheinen sich Entwicklungen, die in Europa Jahrzehnte, oft Jahrhunderte dauern, innerhalb weniger Jahre zu vollziehen. Da es in der Arbeitswelt kaum soziale Absicherungen oder Staatsgarantien gibt, reagiert das Gesamtgefüge unmittelbar auf ökonomische Veränderungen. Die amerikanische Geschichte brauchte keinen Krieg, um Städte verschwinden zu lassen. Sie wurden einfach aufgegeben, weil das ökonomische Geschick sich wendete.

Biloxi zum Beispiel, im Bundesstaat Mississippi, von Reiseführern noch als mondäner Badeort beschrieben, habe ich nur mehr als Schatten seiner selbst vorgefunden. Die Stadt hat eine herrliche Lage am Golf von Mexiko, an der sogenannten amerikanischen Riviera. Dennoch scheinen alle Bemühungen, ihr Leben einzuhauchen, vergeblich zu sein. Es gibt eine neu hergerichtete Innenstadt mit Fußgängerzone, aber sie ist leer, vollkommen verlassen. Jedes zweite Geschäftslokal wird zum Verkauf oder zur Miete angeboten.

Die goldene Figur eines Krabbenfängers erinnert an die goldene Zeit von Biloxi, als die Stadt ein Zentrum des Fangs und Handels von Meeresfrüchten war. Es gibt breite, weiße Sandstrände, aber auch die sind absolut leer. Offenbar ist hier niemandem mehr nach Baden zumute. Die herrlichen alten Bürgerhäuser (mit separatem Sklaveneingang) verfallen, die Reichen haben sich längst aus dem Staub gemacht.

Den Stadtschriften zufolge scheint der Ort sich nunmehr an die Airforce zu klammern. Kaum ein Schild, das nicht dem Militär huldigt. Der Untergang Biloxis, erzählt man, begann mit einem Hurrikan im Jahre 1969, von dem sich der Ort nicht mehr erholt habe. Das einzige, was in Biloxi heute in gutem Zustand ist, sind die Einrichtungen der Airforce und die auffallend vielen Kirchengebäude. Letztere dürften, da die weltlichen Geschicke hier ohnedies schon hoffnungslos scheinen, sich als Sparkassen für die Ewigkeit verkaufen.

Oder Galveston. Das war früher einmal eine blühende Stadt auf der gleichnamigen Insel im Golf von Mexiko. Vom texanischen Festland ist Galveston nur durch den Intracostal Waterway, eine sich an Atlantik und Golf entlangziehende Schiffahrtsstraße, getrennt. 1900 wurde Galveston durch einen Orkan zerstört. Es gab sechstausend Tote. Galveston wurde als Wirtschaftszentrum aufgegeben und von Houston abgelöst. Es ist noch etwas sichtbar von Galvestons altem Glanz. Aber aus einem mir unbekannten Grund scheinen die Reichen aus Houston Galveston zu meiden. Ist ihnen die Insel zu nahe?

Galveston hat etwas Vernachlässigtes, Vergammeltes. Für die Reinigung des Strandes scheint niemand zuständig zu sein. Auf einer Autobahnbrücke wird der Herr Jesus beschworen, der allen Menschen zu Hilfe eile. Man kann nur hoffen, daß er wenigstens die Leute in Galveston nicht zu lange warten läßt.

Als in Ungarn und Polen noch die Stalinisten herrschten, konnte man dort Menschen sagen hören, die einzigen Gebäude, die etwas taugten, stammten aus der Zeit der Doppelmonarchie. Daran erinnerte ich mich in Orten wie Charleston und Galveston. Interessant sind dort einzig die Bauten der alten Sklavenhalter, aus der Zeit vor dem Bürgerkrieg.

Als bemerkenswerte Ausnahme sind mir die Zwillingsstädte Minneapolis und St. Paul erschienen. Dort ist ein beachtlicher Teil der Bevölkerung schwarz. Aber die Einkommensunterschiede decken sich nicht mit den Unterschieden in der Hautfarbe – und vor allem gibt es keine Elendsquartiere. Beide Städte vermitteln rundum das Gefühl einer funktionierenden Verwaltung und einer strukturierenden Politik.

Erstaunt hat mich, daß selbst in Städten mit hoher illegaler Zuwanderung aus der Karibik, aus Mexiko und Lateinamerika die schlimmsten Stadtteile den afrikanischen Amerikanern vorbehalten sind. William Julius Wilson hat in seinem Buch *The Truly Disadvantaged* aufgezeigt, daß von den 2,4 Millionen Armen, die in Amerikas Großstadtghettos leben, 65 Prozent schwarz sind. Von meinen persönlichen Eindrücken her hätte ich den Prozentsatz sogar noch höher angesetzt. Dies mag aber daran liegen, daß der Begriff der Armut weiter ist als die auf den ersten Blick sichtbare extreme Armut. Geht man zum Beispiel in Chicago in ein Latino-Stadtviertel, oder in Miami in ein Viertel der Kubaner, spricht zwar kein Mensch mehr Englisch, aber es gibt eine funktionierende Lebensorganisation. Die Neuankömmlinge finden eine Infrastruktur vor, und sei es eine illegale, die ihr Überleben sichert. In manchen schwarzen Vierteln hingegen gibt es nichts, absolut nichts, das noch funktionieren würde.

Der Mississippi trennt St. Louis (Missouri) und East St. Louis (Illinois). Er scheint nur zwei Städte und zwei Bundesstaaten voneinander zu trennen, in Wirklichkeit trennt er zwei Welten. Für East St. Louis wüßte ich keine andere Lösung, als einfach alles abzureißen und, mit öffentlicher Finanzierung, ein neues Stadtprojekt zu beginnen. Die Zeitung *St. Louis Post-Dispatch* bezeichnete den Ort schlicht als »Amerikas Soweto«. 98 Prozent der Einwohner sind schwarz, 75 Prozent leben von Notstandshilfe. Es gibt keine Geburtshilfe mehr und auch keine Müllabfuhr. Manche verbrennen den Müll, manche überlassen ihn einem Heer von Ratten. Von 1400 Stadtangestellten wurden im letzten Jahrzehnt 1200 entlassen. Immer wieder läuft die Kloake über, weil die Kanäle und Pumpstationen kaputt sind. Die meisten Häuser stehen leer oder sind ausgebrannt. Es gibt zwei Chemiefabriken und eine Sondermüllverbrennungsanlage. Vergiftungen gehören zum Alltag, denn auch der Boden ist kontaminiert. Verletzte bekommen vierhundert Dollar, wenn sie auf Schadensersatzansprüche verzichten. Der Bürgermeister kann das Rathaus nicht mehr betreten, denn es ist verpfändet. An der High School werden die Kinder als Helfer für Fast-food-Restaurants ausgebildet, damit jene Hälfte, die vorzeitig der Schule fernbleibt, außer Drogenhandel wenigstens noch irgend etwas anderes gelernt hat. Besucher von jenseits des Mississippi müssen schauen, daß sie rechtzeitig zurückfahren. Denn am Abend kommt kein Taxi mehr nach East St. Louis.

Die Räuber

Die Sozialausgaben sind nichts als Notstandshilfen, denn der amerikanische Staat ist nicht auf Umverteilen aus. Da wird nicht den Wohlhabenden genommen, um den Armen zu geben. Das Verhältnis der Menschen zum Staat gleicht einem einfachen Tauschgeschäft: Sie geben ihm vergänglich Materielles und bekommen dafür geistig Bleibendes, eine seelisch-geistige, ja religiöse Identität. Der amerikanische Staat wendet das Steuergeld dafür auf, den Bürgern das stolze Gefühl zu vermitteln, Bewohner des mächtigsten und besten Landes der Welt zu sein.

Bei mir ist da etwas schiefgelaufen. Je öfter ich diese Beschwörung amerikanischer Größe hörte, desto weniger ertrug ich sie. Mehr als in Europa hatte ich in den USA das Gefühl, auf Kosten der Armen zu leben, obwohl sie tatsächlich unsichtbarer waren als bei uns. Das mag damit zu tun haben, daß die zwar mäßige, aber zwangsweise Umverteilung europäischer Sozialstaaten den Wohlhabenden aus der persönlichen Verantwortlichkeit für die Armen entläßt. Engagement ist bei uns mehr Wirtshausplauderei als persönlicher Verzicht. Das ist in den USA nicht der Fall.

Diejenigen, die sich sozial engagieren, tun es mit persönlichem und materiellem Einsatz. Bloß scheint diese Tradition im Herzen der neuen Reichen zu versickern. Vielleicht ist den Reichen die Kluft, die sie von den Armen trennt, schon zu groß geworden, um in ihnen noch Menschen zu erkennen. Eineinhalb Millionen geben sich vor der Steuerbehörde als Dollarmillionäre zu erkennen. Aber ein Drittel der schwarzen, ein Viertel der hispanischen und ein Zehntel der weißen Bevölkerung leben unter der Armutsgrenze.

Reagans Konzept, das bis heute die Wirtschaftspolitik bestimmt, war es, durch Steuererleichterungen für eine Kapitalkonzentration in den Händen weniger zu sorgen. Die würden dann, so wie einst die legendären Kapitalisten Henry Ford, Cornelius Vanderbilt, John D. Rockefeller und Alfred I. Du Pont, die hohen Gewinne reinvestieren und so einen Konjunktursog auslösen. Doch die Rechnung ging nicht auf. Nicht, daß neue Reiche ausgeblieben wären, doch sie hatten mit dem Geld anderes vor, als es in neue Jobs zu investieren.

Der Republikaner Kevin Phillips zog in seinem Buch *The Politics of Rich and Poor* die ernüchternde Bilanz der Reagan-Ära. Sie war durch eine in der amerikanischen Geschichte bisher beispiellose Umverteilung nach oben gekennzeichnet. Das Einkommen des ärmsten Zehntels der Amerikaner ging von 1977 bis 1987 um 10,5 Prozent zurück, während das Einkommen des reichsten Zehntels der Amerikaner um 24,4 Prozent stieg. Das Einkommen der zweieinhalb Millionen reichsten Amerikaner (ein Prozent der Gesamtbevölkerung) stieg im selben Zeitraum um sagenhafte 74,2 Prozent. Ihre Einkommensteuer wurde hingegen von 30,9 Prozent auf 23,1 Prozent gesenkt. 1988 mußte sich das ärmste Fünftel der Bevölkerung (etwa fünfzig Millionen Amerikaner) mit 4,6 Prozent des Gesamteinkommens begnügen, während das reichste Fünftel 44 Prozent für sich in Anspruch nahm. Selbst die mittleren Einkommensgruppen haben Anteile verloren. Dafür hat sich die Zahl der Millionäre mehr als verdoppelt, und die Zahl der Milliardäre von 13 im Jahre 1982 auf 52 im Jahre 1988 vervierfacht. Die von Christopher Jencks und Paul E. Peterson herausgegebene Studie *The Urban Underclass* weist auf der anderen Seite einen dramatischen Einkommensrückgang bei jüngeren Arbeitskräften aus Minoritäten nach. Die Fünfundzwanzigjährigen bis Neunundzwanzigjährigen haben 1986 um zwanzig Prozent weniger verdient als 1973. Bei den Arbeitern ohne High-School-Abschluß, die gerade unter Minoritäten einen besonders großen Anteil ausmachen, betrug der Rückgang gar 36 Prozent.

Die Finanzspekulanten der achtziger Jahre, die an guten Tagen eine halbe Milliarde Dollar abkassierten, ruinierten nicht nur den kleinen Leuten die Wirtschaft, sondern auch deren Bossen die Köpfe. Alle begannen auf Teufel komm raus zu spekulieren. Der Reaganitis-Bazillus befiel selbst die österreichischen Intertrading-VOESTler, die sich in dieser geistigen Verwirrung auch noch besonders modern vorkamen.

Die Neureichen der Reagan-Zeit, wie Michael Milken oder Donald Trump, waren in Wirklichkeit nur Räuber, die der Wirtschaft das Geld entzogen, aber nichts davon als Investitionen zurückgaben. Sie hinterließen Schulden und private Schlösser, haben aber nicht den geringsten Wert geschaffen, der anderen zugute käme. Amerika hatte wieder die meisten Milliardäre der Welt, aber sie taugten nichts. Ihr Reichtum floß in Luxushotels, postmodernistische Bürosilos, Shopping Centers und Spielcasinos, führte aber zu keinem einzigen Patent, das der amerikanischen Wirtschaft einen Wettbewerbsvorteil verschafft hätte. 1988 wurden 47 Prozent aller in den USA ausgestellten Patente von ausländischen Firmen gehalten. Vor allem von japanischen. Dem Hochlizitieren des Immobilienmarktes entsprach kein Wirtschaftswachstum. Innerhalb weniger Jahre gab es ein Überangebot an Luxusimmobilien und das ganze System brach zusammen.

Als 1989 das New Yorker Rockefeller Center von japanischen Investoren gekauft wurde, gab es einen lauten Aufschrei in der gesamten amerikanischen Presse. Nicht weil der Vorgang prinzipiell so neu gewesen wäre, sondern weil im großen Vaterländischen Krieg um Anteile an der Weltwirtschaft eines der Symbole des amerikanischen Finanzkapitals gefallen war. Als Ronald Reagan sein Amt antrat, hatten die USA ein Handelsbilanzplus von 166 Milliarden Dollar. Bei Amtsübergabe nach acht Jahren war daraus ein Minus von fünfhundert Milliarden Dollar geworden. Und Japan war zum größten Kreditgeber der Welt aufgestiegen.

Ausländische, vor allem japanische Investoren hatten den Dollarverfall der zweiten Amtszeit von Reagan dazu genutzt, sich massiv in die US-Wirtschaft einzukaufen. Waren 1980 knapp 83 Milliarden Dollar vom Ausland investiert worden, so hatte sich dieser Betrag bis 1988 vervierfacht. Mittlerweile sind mehr als zwanzig Prozent des amerikanischen Bankvermögens in ausländischem Besitz. Das Rockefeller Center war nur ein Draufschlag. Tatsächlich hatten damals bereits 21 Prozent von Manhattans Geschäftsimmobilien ausländische Eigentümer. In Minneapolis waren es 32 Prozent, in der

Innenstadt von Houston 39 Prozent und in der Innenstadt von Los Angeles war schon fast die Hälfte, nämlich 46 Prozent der Geschäftsimmobilien ans Ausland verkauft.

Die elektronische Industrie wurde nunmehr von den Japanern kontrolliert, die nicht nur bessere Waren anboten, sondern darüber hinaus auch noch traditionsreiche Schallplattenfirmen (CBS) und Filmstudios aufkauften. Auch die Autoindustrie ist unter den harten Konkurrenzdruck der Japaner geraten und bewegt sich, trotz mehrfacher nationaler Rettungsversuche, seither kontinuierlich abwärts. In der chemischen Industrie werden die ersten drei Plätze des Weltumsatzes nunmehr von Deutschen eingenommen, von BASF, Bayer und Hoechst, den Nachfolgefirmen des nationalsozialistischen Monopolbetriebes IG-Farben, den die amerikanische Befreiungsmacht einst zerschlagen hat. Weil es gerade so billig war, kauften die Deutschen auch noch dreißig Prozent der chemischen Industrie Amerikas auf.

Es traf die Amerikaner wie ein Schock. Sie waren gerade acht Jahre darauf eingestimmt worden, die mächtigste Nation der Welt zu sein, und mußten nun zur Kenntnis nehmen, daß darunter vor allem militärische Stärke zu verstehen war. Die unteren Einkommensschichten hatten für den versprochenen Wirtschaftsaufschwung teuer bezahlt und mußten nun froh sein, daß wenigstens ausländische Investoren sie vor dem Schlimmsten retteten. Die Kluft zwischen den Armenghettos in den Großstädten und den Wolkenkratzern war noch größer geworden. Vor allem im Osten und im mittleren Westen, besonders extrem in New York und Chicago. Auch der Einkommensunterschied zwischen schwarzen und weißen Familien wurde größer. Ein Heer von Obdachlosen gehört seither zum gewöhnlichen Straßenbild. Die Grand Central Station von New York verwandelt sich am späten Abend in einen großen Schlafsaal. Und 21 Prozent der amerikanischen Kinder wachsen in Armut auf. Dafür gab es einen Amerikaner, der 1987 das teuerste Auto der Welt kaufte: Einen 1931er Bugatti Royale, um 9,8 Millionen Dollar. Und Andy Warhols Bild von Marilyn Monroe wechselte um 4 Millionen Dollar den Besitzer.

Die Illusionszeit der achtziger Jahre hat Amerika einen vierstelligen Milliardenbetrag an verschwundenen Werten gekostet. Viele Reiche sind noch reicher geworden, aber die unteren Einkommensschichten wurden noch gnadenloser ans Messer der freien Marktwirtschaft geliefert, als es bisher schon der Fall war. Sollen sie sich damit trösten, daß aus diesem »Globaldarwinismus« (Kevin Phillips) der achtziger Jahre noch größere Verlierer hervorgingen, nämlich die Unterschichten Lateinamerikas und Afrikas?

Wenn ich auch das Sozialstaatsmodell nicht für die beste Lösung halte, weil es die ungerechten Strukturen unangetastet läßt und statt dessen den Geldfluß mit bescheidener Effizienz zwangsweise nachkorrigiert, so ist es doch das einzige Modell, das unter amerikanischen Verhältnissen überhaupt diskutabel ist. Aber das würde eine hohe Besteuerung von Waren, Vermögen und besseren Einkommen bedeuten. Darüber konnte ich mich mit meinen amerikanischen Bekannten, die jetzt schon alles zu teuer finden, schwer verständigen. Mit den Demokraten eher als mit den Republikanern. Letztere reden erneut von nötigen Steuersenkungen. Dadurch kann man, wenn auch der Mittelstand davon profitiert, vielleicht Wahlen gewinnen. Aber die Probleme des Landes werden dadurch noch unlösbarer.

Im Gespräch mit einer Journalistin kritisierte ich, daß die Nachtarbeit im Supermarkt zum Tagestarif entlohnt wird, und sagte, daß viele Waren, insbesondere die Waren aus der Dritten Welt, zu billig seien. Der Passus wurde so wiedergegeben: »Haslinger staunt, wie billig die Waren sind und daß die Geschäfte entweder bis spät am Abend oder die ganze Nacht über offen haben.« Da staunte ich dann noch einmal.

Europäische Augen

Es widerfuhr mir gelegentlich, daß selbst von liberal denkenden Amerikanern meine Ansichten für einseitig und negativ gehalten wurden. Anstatt Verständnis zu wecken, würde ich die USA mit europäischen Augen aburteilen. Bezüglich meiner europäischen Augen konnte ich schwer widersprechen. Auch wenn ich sie ein wenig zusammenpresse, um ihrer Kurzsichtigkeit neue Schärfe zu verleihen, sind sie immer noch dieselben. Ein mit europäischen Augen korrigierter europäischer Blick bleibt europäisch – auf lange Zeit.

Das Wort Europa, das ich früher nie zur eigenen Orientierung benutzt habe, ging mir in den USA leicht von den Lippen – leichter noch als das Wort Österreich (nach wie vor ein Wort mit Erklärungsbedarf). Es hat sich nämlich herausgestellt, daß meine Wahrnehmungen denen meiner Kolleginnen und Kollegen aus anderen europäischen Ländern sehr ähnlich sind.

Selbst die Ansichten der von den Nazis Vertriebenen, die nun doch schon seit über 50 Jahren in den USA leben, scheinen damit erstaunlich gut zu harmonieren. Als deutlich anders empfand ich jedoch Europäer, die freiwillig ausgewandert sind, mit dem festen Wunsch, in den USA seßhaft zu werden. Sie und andere Amerikaner halten uns Europäer oft für überheblich.

Europäer sind wir nicht nur in den Augen der Amerikaner, die uns als solche definieren. Wir sind es auch durch die eigene Abgrenzung von deren Blick. Kein Staat hat die Europäisierung des »alten« Kontinents mehr vorangetrieben als die USA. Das moderne Europa begann als ein unausgesprochener Distanzierungswunsch von Ländern, die nicht Spielball der USA sein wollten.

Oft sind es nur Details und Nuancen, die Europäer anders wahrnehmen als Amerikaner. Auffällig ist für mich etwa ein unterschiedlicher Sinn für Kitsch. Was wir Kitsch nennen und zuhauf besitzen, gibt es in den USA in mindestens zehnfacher Häufigkeit. Oder auch ein unterschiedliches Schamgefühl.

Für ein besonders markantes Merkmal des europäischen Blicks halte ich jedoch seine Staats- und Wohlfahrtsperspektive. Auch wenn sie im Schwinden begriffen sein mag, hält ein Europäer (ob West- oder Ost-) gesetzlichen Urlaubsanspruch, Kündigungsschutz, Weihnachts- und Urlaubsgeld, Mutterschutz usw. für Selbstverständlichkeiten und ist entsetzt, wenn er merkt, daß es in den USA nicht so ist. Für ihn ist es geradezu natürlich, daß das Eigentumsrecht bestimmte öffentliche Grenzen kennt. Er kann es nicht fassen, daß in Missouri die Mehrheit für die private Verbauung der Mississippi-Ufer gestimmt hat. Wer in den USA Eigentum hat, darf ganz darüber verfügen.

Von den Maßnahmen des Sozialreformers Roosevelt ist nur eine einzige von den Republikanern nicht in Mißkredit gebracht worden: Das Pensionssystem. Es funktioniert nach wie vor gut und kann auch nicht über Geldmangel klagen. Freilich werden dem amerikanischen Pensionisten nur knapp über vierzig Prozent seines aktiven Gehalts bezahlt. Sollte er mehr wollen, muß er sich privat versichern.

Der Seelenmann

Im Februar erkrankte Mary Beth Giffin. Sie konnte nicht schlafen, der ganze Körper schmerzte. Zuerst dachte sie an Grippe, doch es kam kein Fieber. Die Schmerzen ließen nicht nach. Da ging sie zum Arzt. Sie bekam schmerzstillende Mittel und Antibiotika. Die Tests ergaben eine überhöhte Anzahl weißer Blutkörperchen und Kalziumablagerungen in den Gelenken. Bei der Ultraschalluntersuchung wurde ein Gewächs an der Gebärmutter diagnostiziert. Mary Beth Giffin bekam einen Operationstermin. Doch sie sagte zum Chirurgen: »Nichts gegen Ihre Kunst, Sie sind ein netter Mann, aber ich lasse mich lieber von Jesus Christus heilen.«

Zu dieser Zeit betete in ihrer Kirche eine ganze Kompanie von Soldaten Gottes vergeblich um ihre Heilung. Sie erfolgte erst ein paar Wochen später, in einer anderen Kirche. Mary Beth Giffin fuhr an einem Freitagabend zur Gnadenkathedrale des Fernsehpredigers Ernest Angley, am Stadtrand von Akron in Ohio. Dort geschah das Wunder, und es geschah vor laufender Fernsehkamera. »Ich wußte, daß Jesus mich heilen würde«, sagte Mary Beth nach dem Gottesdienst. »Er hat mich in meinem früheren Leben schon einmal geheilt.«

Ernest Angley, der knapp sechzigjährige Wundertäter im Maßanzug, mit seidenem Stecktuch und gebräuntem Gesicht, ließ die Kranken in einer Reihe antreten. »Was kann Gott für Dich tun?« fragte er sie nacheinander. Mary Beth zählte ihre Leiden auf. Der Gottesmann fragte, ob sie fest daran glaube, daß Jesus Christus sie heilen werde. »Absolut«, antwortete sie. Da verdrehte er die Augen und bat Gott, die Gläubige vom Kopf bis zu den Zehenspitzen zu heilen. Er berührte ihre Stirne und da war Mary Beth plötzlich zu schwach, um stehenzubleiben. Sie legte sich in der Haltung, in der sie gestanden war, nämlich mit erhobenen offenen Armen, auf den Boden und rührte sich nicht. Zwischen den Fingern der linken Hand war ein weißes Taschentuch eingeklemmt. Später sagte sie: »Es war wie eine gewaltige Welle, die mich umwarf. Ich erinnere mich nicht, daß ich den Boden berührte. Aber als ich aufstand, ging es mir gut.«

Der von Mary Beth versetzte Chirurg schrieb ihr einen Brief. Sie befinde sich in einem besorgniserregenden Krankheitsstadium, und er wolle sie noch einmal untersuchen. Doch Mary Beth weigerte sich, sie war ja nun geheilt.

Im Fernsehen konnte man sehen, wie die Menschen, die sich um Heilung angestellt hatten, nacheinander wie Dominos umfielen. Da lagen sie dann in seliger Verzückung auf dem Boden, bis Ernest Angley sagte, sie könnten wieder aufstehen. Sie standen auf und behaupteten, wie aus einem Munde, sie seien geheilt. »Heilung, Heilung, Heilung«, rief Ernest Angley zum Himmel, »hallelujah, hallelujah, hallelujah!«

Bei warmem Wetter finden Ernest Angleys Heilungen im Freien statt. Dazu wird der Blutbrunnen eingeschaltet. Ein großes, weißes Kreuz, errichtet auf einem Sockel, der die geöffnete Bibel darstellt, wird von Wasserfontänen umspült, die im Laufe des Abends die Farben wechseln. Zuerst sind sie rot, wie das Blut Christi, dann gelb wie die Sonne, um die bevorstehende Ankunft der Heilkraft zu signalisieren. Bei der Heilung selbst werden sie blau wie der Himmel, aus dem jene Kraft auf die Gläubigen herabkommt. Am Ende des Gottesdienstes ist das Wasser schneeweiß, als Vision der künftigen Reinheit der Welt, die durch das Wirken von Gottesmännern wie Ernest Angley zu erwarten ist.

Ernest Angley hat seine Gnadenkathedrale vor dreißig Jahren gebaut. Ihre Entstehungsgeschichte hat er der Zeitung *The Plain Dealer* anvertraut. Er war gerade in den baptistischen Kirchen von Südohio als Wanderprediger unterwegs, als Jesus Christus ihn heimsuchte und ihm den Auftrag gab, nach Akron zu gehen und dort in seinem Namen Wunder zu tun. Ernest und seine Frau Esther Lee, von den Gläubigen »Engel« genannt, taten, wie der Herr befohlen. Sie begannen ihr Heilungswerk in einem Zirkuszelt, aus dem sie zuvor die Dämonen vertrieben. Als der Winter kam, wechselten sie ins Theatergebäude. Im nächsten Frühling hatten sie genug Geld beisammen, um ein Holzhaus zu bauen, siebzig mal dreißig Meter, an der Stelle der heutigen Gnadenkathedrale. Alles war primitiv, auf dem Boden lagen Sägespäne.

Aber Prediger Ernest Angley beschwor mit einer so eindringlichen Stimme die Geister des Himmels, daß den Gläubigen die Knochen zitterten und die Sünder zur Umkehr bewogen wurden. Oder zur regelmäßigen Einkehr in sein Gotteshaus. Denn die Zahl seiner wiedergeborenen Gotteskinder ging bald in die Tausende. Sie feierten Angleys Geburtstag, indem sie ihm die Augen verbanden und

Dollarscheine ansteckten, bis er wie ein Geldbaum aussah. Das paßte gut in das Konzept von Jesus Christus, der für Ernest Angley eine neue Bürde bereithielt. Er solle eine große Kirche bauen.

Jesus hatte genaue Vorstellungen geäußert, wie die Kirche auszusehen habe, und selbstverständlich gab sich der Prediger Mühe, den messianischen Geschmack nicht zu enttäuschen. So entstand die Gnadenkathedrale, in französischer Landhausarchitektur. Innen hängt ein Paar mehrere hundert Kilo schwerer Kristalluster, die Fenster sind mit wallenden blauen Samtvorhängen abgedunkelt, der Altarraum mit blauem Brokat drapiert und die Wände mit goldgesäumten Vinyltapeten beklebt. Die Sitzbänke für dreitausend Menschen wurden von Kunsttischlern ausgeführt. Aber das war Jesus Christus noch nicht genug. Er befahl auch noch, die aufgeschlagene Bibel mit vierundzwanzigkarätigem Blattgold zu bedecken, ebenso die Hammond-Orgel und den Steinway-Flügel. In einer zweiundsiebzigseitigen Farbbroschüre wird dieser offensichtliche Hang Gottes zum Luxus damit erklärt, daß der ewige Schöpfer den in seinem Geiste Wiedergeborenen einen Vorgeschmack auf die Schönheit und Harmonie des Himmelreiches geben wolle.

Gott denkt aber auch praktisch. Eine Flotte von grün bemalten Schulbussen holt ältere und gebrechliche Menschen von zu Hause ab und bringt sie wieder zurück. Für Behinderte gibt es in der Kirche Spezialplätze. Die Gläubigen sind angehalten, für hundert Dollar die von Ernest Angley herausgegebene, in blauem Leder gebundene »Heilungs- und Rettungsbibel« zu kaufen.

Jedes Jahr gibt es einen vom Prediger organisierten Kreuzzug nach Kenya, wo er sich in einem überfüllten Fußballstadion bei einer begnadeten Dauerpredigt von mehreren Stunden die himmlische Seele in den Anzug schwitzt. Wer in Kenya noch nicht dabei war, hat auf der Himmelsleiter noch eine Stufe vor sich.

Was von Jesus Christus allen Gläubigen gewährt wird, wenn Ernest Angley darum bittet, hat er ausgerechnet dessen Frau verwehrt. Jesus hat Esther Lee so geliebt, daß er diesen Engel schon im Alter von 49 Jahren zu sich nahm. Ihr zu Ehren wurde vor dem Bürofenster ihres Mannes ein Park angelegt, in dem ein sechs Meter hoher Marmorengel die Hände zum Himmel erhebt. Das dreistündige Begräbnis des Engels kostete 25000,- Dollar, der mit Silber beschlagene Sarg weitere 12000,- Dollar. Das war 1970. Mehr als viertausend Menschen nahmen am Begräbnis teil. Sie stellten die genannten Beträge locker auf die Beine. Ein Teilnehmer spendierte ein Telefon aus Silber mit der Aufschrift »Jesus hat angerufen«. Das Telefon wurde mit dem Engel bestattet. Seither wollen die Gerüchte nicht verstummen, daß Ernest Angley regelmäßig mit seiner Frau telefoniert.

Der erfolgreiche Fernsehheiler war erst sieben Jahre alt, als er von seinem Chef Jesus Christus das erste Mal heimgesucht wurde. Er lag im Bett, so erinnert er sich und die Gläubigen an seine Berufung, plötzlich begann sich alles zu drehen, er wurde ins Firmament hinaufgehoben und dort, umringt von Sternen, begann Jesus sein Leben in Dienst zu nehmen. Mit achtzehn ließ er seine Zunge deutsch, hebräisch und lateinisch predigen. Mit zwanzig schickte er ihn auf eine Bibelschule in Tennessee, wo er den Engel kennenlernte, danach stellte er ihn vor die erste Prüfung. Er ließ ihm überall Geschwüre wachsen. Der Prediger hatte Qualen zu leiden und dachte, er würde bald sterben. Da erschien Jesus und erlegte ihm zu allem Jammer auch noch eine vierzigtägige Fastenzeit auf. Weil Angley sie einhielt, wurde ihm nicht nur das Leben zurückgegeben, sondern er wurde darüber hinaus des heiligen Geistes teilhaftig. Seither erschien ihm der Herr Jesus recht häufig und gab eine Fülle von konkreten Aufträgen, zuletzt technische Details zur Vergrößerung des Fernsehturms. Alles dient dem einzigen Ziel, die Welt vorzubereiten auf die Wiederkunft Gottes.

Seit er in exterrestrischem Sold steht, springt Ernest Angley auf der Altarbühne seiner Kirche vor den Fernsehkameras herum, reißt die Hände in die Luft und feuert die Leute an: »Wenn Ihr heute gekommen seid, um ein Wunder zu sehen, bereitet Euch vor, denn Gott ist geschäftlich auf dem Planeten unterwegs. Und solange er hier auf Geschäftsreise ist, könnt Ihr ein Wunder haben. Ihr könnt geheilt werden. Ihr könnt Vergebung erhalten. Denkt daran, niemand hat Euch jemals so geliebt, wie Jesus Euch liebt. Niemand hat je so für Euch gesorgt wie er. Umarmt ihn, schließt ihn in Euer Herz und sagt: Jesus liebt mich!«

Und die Menschen beginnen einander zu umarmen, und sie rufen »Jesus liebt mich«, wieder und wieder, und sie nehmen sich gegenseitig an den Schultern, und sie schaukeln und rufen »Jesus liebt mich«, mit einer Stimme, in einem sich immer lauter zum Himmel erhebenden Chor.

Der Prediger rechnet vor, was Jesus heute durch sein Wirken

schon alles getan hat. Drei Seelen hat er gerettet und eine Frau von den Selbstmorddämonen befreit. »Ist das nicht wundervoll?« ruft er, »ist das nicht großartig? Nun schließt die Augen und laßt Gott zu Eurem Herzen sprechen. Zeigt Euch dankbar für seinen Segen und seine Gnade und unterstützt sein Werk mit hundert Dollar oder mehr. Jeder, der hundert Dollar gibt, soll die Hände zum Himmel erheben.« Alle Hände gehen in die Höhe. »Ist das nicht wunderbar? Gott segne Euch, das ist wunderbar.«

Während Helfer Zettel verteilen, auf denen die Gläubigen die Nummern ihrer Kreditkarten eintragen, zur bequemeren Einhebung der hundert Dollar Teilnahmegebühr an Gottes Wundern, werden diejenigen, die mehr spenden, unter frenetischem Jubel der Gläubigen, namentlich verlesen. Der eine überreicht einen Scheck von 2200,– Dollar zur Unterstützung der Bibeldrucke, ein anderer spendet für die Errichtung des neuen Fernsehturms, von dem aus Angleys Privatsender eine größere Reichweite haben wird. Der Prediger wird durch die eintrudelnden Schecks in einen Dagobert-Duck-Rausch versetzt. »Gott segne Euch, preist den Herrn, oh danke, vielen herzlichen, oh das ist, Gott segne Euch, das sieht nach einem fetten Scheck aus, 6300,– Dollar von Bill Bradley, oh Gott segne Dich, lobt alle den Herrn.«

Dann zieht er den Gläubigen auch noch das Wechselgeld aus der Tasche. Es wird benötigt, um das Zweimonatsmagazin »Die Macht des Heiligen Geistes« und Videokassetten zu verschicken. Wenn es zu klingeln beginnt, betet Ernest Angley für die Spender. »Herr, öffne die Himmelstüren für diese Menschen. Gib denen, die arbeitslos sind, einen Job. Gib jedem, der bedürftig ist, was er braucht. Nimm, was sie heute gegeben haben und vervielfache es viele, viele, viele Male, weil sie Dich lieben, Herr, und für Dich spenden.«

Wenn plötzlich eine unbekannte Stimme ertönt, wird alles still. Sie spricht in einer Sprache, die nur Ernest Angley versteht. Und sie stammt von einem Engel, den nur Ernest Angley sieht. Seiner Beschreibung nach hat er schulterlanges Haar, keine Flügel, ein menschliches Gesicht und friedfertige, sanfte Augen. Er trägt ein langes Kleid. Es ist nicht sicher, wann er kommt. Aber wenn Ernest Angley für die Kranken betet, kommt er immer.

1991 ist einer, an den der Prediger Hand angelegt hat, nicht mehr aufgestanden. Er war tot. So kam Ernest Angley wieder einmal in die Schlagzeilen. Am Freitag darauf predigte er: »Ich habe Euch immer gesagt, Ihr sollt nicht in meinen Gottesdiensten sterben. Wenn Ihr fühlt, daß Ihr sterben werdet, bittet Gott, daß er Euch hier rausbringt.«

Den Fernsehsender WBNX hat Angley für 1250000,– Dollar erworben. Seither läuft das Geschäft wie geschmiert. Es gibt manchmal auch Heilungen, wenn man nur den Fernsehapparat berührt. Ohne Spende ist das allerdings unwahrscheinlich. Günstiger ist es, sich in Akron beim Stellvertreter Gottes zu einer Hundert-Dollar-Berührung einzufinden. Wer einmal von einer Grippe geheilt wurde, der kommt immer wieder. Außerdem steht bald das Weltende bevor – und dann wird abgerechnet. Dann wird für jedermann sichtbar sein, wer wieviel für Jesus Christus gespendet hat.

Zum Glück ist Jesus, wenn es ums Geld geht, sehr genau. Er nennt Ernest Angley immer die exakten Summen, die ihm noch fehlen. Ohios wundertätiger Heiler sagt: »Ich hänge mit allen meinen Geschäften von Gott ab. Gott ist ein guter Geschäftsmann.«

Gemeinschaft der Gläubigen

Europas Mission

Der New Yorker Schriftsteller George Blecher wollte mir einreden, daß der österreichische Staat selbstkritischer sei als der amerikanische. Er bezog sich dabei auf die vom Jewish Welcome Service zusammengestellte Dokumentation *Jewish Vienna*. Sie wurde drei Jahre lang in amerikanischen Städten gezeigt.

»Diese Ausstellung«, sagte George, »hat eine ungewöhnliche Botschaft: Seht Euch diese großartige jüdische Kultur an – und wir haben sie ausgerottet. Eine Ausstellung über das Schicksal der amerikanischen Indianer, bei der die Tatsache der Ausrottung im Vordergrund stünde, hätte in den USA keine Chance auf öffentliche Finanzierung.«

Zum Beweis schickte er mir ein paar Wochen später einen Artikel der *New York Times*, aus dem hervorging, daß die Förderungsmittel für einen Film zur 500-Jahr-Feier der Columbus-Reise im nachhinein gestrichen wurden. Die Begründung der nationalen Kunststiftung *National Endowment for the Arts* (NEA): Der Film sei einseitig, weil er den Völkermord an den Indianern darstelle, aber die zivilisatorische Leistung der weißen Einwanderer übersehe. Wenn auch die amerikanische Geschichtswissenschaft Columbus mittlerweile äußerst kritisch beurteilt (etwa die schonungslose Biographie *Columbus: His Enterprise* von Hans Koning), heißt das noch lange nicht, daß der Staat und die Mehrheit der Menschen bereit sind, die Demontage amerikanischer Mythologien zu fördern. Historische Alpträume wurden in den USA meist schnell durch eine neue Sichtweise zu einer stolzen Vorgeschichte umgedeutet.

Das Lob Österreichs war mir peinlich. Weil George Blecher Jude ist, und weil ich mir einbilde, über die selbstkritischen Ambitionen der Österreicher genauer Bescheid zu wissen. Was aber seine Kritik an den USA betrifft, da konnte ich nicht widersprechen. Haben es die Österreicher in der Kunst, sich aus Opportunismus und Wunschdenken eine neue Vergangenheit zu konstruieren, zu einer wahren Meisterschaft gebracht, so haben sich die Amerikaner einen mythologischen Begriff der Nation zurechtgelegt, der ein ausgeprägtes gemeinsames Glaubensbekenntnis formuliert, aber der Geschichte und Wirklichkeit des Landes keineswegs adäquat ist. Michael Kammen hat in einer umfangreichen Studie, die 1991 unter dem Titel *Mystic Chords of Memory* erschien, die Entwicklung der Geschichtsmythologien in den USA dargestellt. Der amerikanische Patriotismus hat sich in eine zivile Religion verwandelt. Nach einer Phase kritischer Auseinandersetzung in den sechziger Jahren ist das Geschichtsbewußtsein in eine nostalgische Ära eingetreten, deren selektive Wahrnehmung der Wirklichkeit durch eine bis heute ständig wachsende Geschichtsindustrie untermauert wird. Und was, so fragt Kammen, ist Nostalgie anderes als »Geschichte ohne Schuld«?

Immer wieder ist mir aufgefallen, daß selbst kritische Amerikaner Probleme haben, eine Kritik an den USA zu ertragen. In Salzburg hat eine amerikanische Studentin weinend den Hörsaal verlassen, als der Professor auf negative Seiten der amerikanischen Geschichte zu sprechen kam. Dabei ist der Grundstein der USA, die Christianisierung und Ausrottung der Indianer, durchaus noch als europäische Geschichte zu sehen.

Vor bald vierhundert Jahren, im Dezember 1606, machten sich im Hafen von Blackwall, England, drei kleine Schiffe auf die Reise. Sie hießen Discovery, Godspeed und Susan Constant. Die Passagiere waren hundert Männer und drei oder vier Buben. Sie wußten, daß an ihrem Reiseziel Indianer lebten, und sie hofften, daß es Gold gab. Nach viereinhalb Monaten fuhren sie einen breiten Fluß hinauf, den sie, ihrem König zu Ehren, James River nannten.

Heute liegen an der Mündung des James River, im Hafen von Norfolk, riesige Kriegsschiffe vor Anker, immer für den Moment bereit, in dem es heißt, daß die Welt sie braucht. Diese schwimmenden High-Tech-Festungen sind der augenscheinlichste Beweis, daß mit der Ankunft der drei Schinakeln aus England ein neuer Abschnitt der amerikanischen Geschichte begonnen hat. Zu manchen Zeiten ist den Norfolkern die Ehre, an einem der größten Kriegshäfen der Welt zu wohnen, zweifelhaft erschienen. Heute jedoch wird die Navy, die hier von U-Booten bis zu Flugzeugträgern und Bombern alles in Massen stationiert hat, gefeiert, als wäre sie die Freiheit persönlich.

Die englischen Ankömmlinge um 1600 fuhren an der natürlichen Hafenbucht von Norfolk vorbei, vierzig Meilen flußaufwärts, bis zu einer schmalen Halbinsel. In einer Waldlichtung errichteten sie mit

Holzplanken und Zeltplanen einen provisorischen Verschlag. Es war eine Kirche. Pfarrer Robert Hunt hielt dort einen Dankgottesdienst. Jamestown, die erste weiße Siedlung in Amerika, war gegründet.

Die Powhatan Indianer beobachteten das Treiben dieser seltsam gekleideten Männer mit Neugier. Sie sahen sie Wald roden und Felder anlegen. Als die Weißen immer mehr Flächen beanspruchten, kam es zum ersten Zwischenfall. Ein Bub wurde von einem Pfeil getötet, ein paar Männer wurden verletzt. Von da an gab es Krieg in Jamestown. Im Fort wurden die mitgebrachten Kanonen postiert, und die Männer nahmen zur Feldarbeit die Flinten mit.

Captain Christopher Newport betrieb eine Art Pendlerdienst zwischen England und Amerika. Er brachte neue Siedler, neue Kanonen und Nahrung. Als er das erste Mal zurückkam, war die Hälfte der Kolonisten tot. Sie waren an ihnen unbekannten Fieberkrankheiten gestorben. Die ersten englischen Siedler hatten sich nämlich den denkbar ungesündesten Flecken Virginias ausgesucht, ein verseuchtes Sumpfgebiet. Einen Pfarrer hatten sie mitgebracht, aber keinen Arzt.

Im zweiten Winter gab es eine Hungersnot. Von fünfhundert Siedlern lebten im Frühjahr nur noch sechzig. Als der traurige Haufen gerade dabei war, das amerikanische Abenteuer aufzugeben, das Fort zu demontieren und nach England zurückzukehren, kam Lord Delaware mit drei Schiffsladungen. Er war vom englischen König als erster Gouverneur nach Virginia entsandt worden. Von da an ging es streng zu. Zwei neue Forts wurden gebaut und alle Siedler wurden zweimal pro Tag zur Gebetsstunde gerufen.

Was als amerikanische Geschichte gilt, ist eine Geschichte der Weißen. Alles andere ist »prähistorisch«. Diesen Ausdruck, bei uns gleichbedeutend mit urgeschichtlich, findet man in den USA immer wieder im Sinne von »vor der Ankunft der Weißen«. Die Darstellung amerikanischer Geschichtsbücher begann traditionellerweise mit der Landung von Christopher Columbus. Die Jahrtausende davor sind bis heute, soweit sie überhaupt erforscht sind, nur einigen Spezialisten bekannt.

Andererseits hat sich unter einer gebildeten Minorität in den letzten Jahrzehnten eine Verehrung der Native Americans herausgebildet, die traditionelle Ignoranz durch wohlmeinende Geschichtsfälschung ersetzt. Es gibt mittlerweile eine indianische Hagiographie, die sich die Geschichte der Indianer nach dem Anspruch eigener Sozialutopien zurechtgestutzt hat. Daß es in Amerika schon vor der Ankunft der Weißen Kriege, Machtkämpfe, Grausamkeiten, Hierarchien, ja versklavte Menschengruppen gab, wird geflissentlich übersehen. Der Sozialwissenschaftler und Mitbegründer der New Yorker Grünen Partei, Kirkpatrick Sale, hat sich mit seiner umfassenden Darstellung der Eroberung Amerikas, *The Conquest of Paradise*, zu einer Galionsfigur dieser Bewegung gemacht. Tendenziell handelt es sich dabei nicht um eine neue, anticolumbianische Geschichtsschreibung, sondern um die Fortschreibung des alten Mythos vom verlorenen Paradies (und von Rousseaus »edlem Wilden«). Die Neuentdeckung der urspünglichen Amerikaner ist durchaus geeignet, das Unternehmen Columbus noch einmal nachzuspielen, diesmal als geistige Usurpation. Erneut scheint das Selbstinteresse stärker zu sein als das Interesse an den anderen.

Daneben dominiert freilich noch die alte Columbus-Verehrung, so wie sie sich nach dem Krieg von 1812 gegen Großbritannien herausgebildet hat: Columbus als Chiffre für die Universalität der Zivilisation. Ein Italiener, der unter spanischer Flagge jene christlichen Tugenden nach Amerika brachte, mit denen sich der überwiegende Teil der europäischen Einwanderer identifizieren konnte.

Fast jede Gegend hat ihre eigene Erzählung von einer Indianerin, die den kriegerischen Plänen ihrer Sippe mißtraut und, sozusagen mit fliegender Seele, zu den Christen überläuft. In Jamestown ist es die Häuptlingstochter Pocahontas. Ihre Statue steht gleich neben den Ruinen der alten Kirche. Ihrem Herzen mußte man freilich ein wenig nachhelfen.

Zuerst mußte man Pocahontas rauben und als Austauschobjekt gegen gefangene Siedler verwenden. Als die Siedler frei waren, durfte man Pocahontas nicht hergeben, sonst wäre sie ja der christlichen Botschaft wieder verlorengegangen. Sie mußte lernen, sich englisch zu kleiden und englisch zu sprechen. Eine Broschüre, die ich im Museum von Jamestown erstanden habe, vermerkt sachlich: »Sie gab die indianische Religion auf, wurde eine Christin und Rebekka getauft.« Ihr Lohn war, daß sie später zum Herzeigen nach England geschickt und dort sogar von der Königin empfangen wurde. Bei der Rückfahrt ist sie allerdings verstorben.

Die Siedler rückten entlang der Flüsse immer tiefer ins Landesinnere vor und vertrieben alle, die dort lebten. Unter Opechancanough, ihrem Führer im Bereich von Virginia, entschlossen sich die Amerikaner zu einem Generalangriff auf die Europäer. Wäre er gelungen, hätte das unter Umständen das Ende der englischen Kolonie bedeutet.

Es war vermutlich die letzte Chance der Indianer, in der neuen amerikanischen Geschichte mitzureden. Bei allen späteren Versuchen war die militärische Übermacht der europäischen Konquistadoren schon zu groß. Doch der Plan wurde von Chanco, einem getauften Indianer, verraten. Dennoch wurden bei diesem Angriff etwa dreihundert entfernter lebende Siedler, die nicht mehr gewarnt werden konnten, getötet.

Die Indianer wurden von den Protestanten westwärts getrieben. Dort kamen ihnen über Mexiko die spanischen Katholiken entgegen, die es sich in den Kopf gesetzt hatten, Amerika katholisch zu machen. Der Franziskaner Junípero Serra gründete entlang der kalifornischen Küste 21 Missionsstationen, jeweils einen Tagesmarsch voneinander entfernt.

Soldaten halfen die Bekehrung zügig voranzutreiben. Sie sorgten dafür, daß nicht nur der Katholizismus, sondern auch die Syphilis verbreitet wurde. Am ehesten waren die Einheimischen mit der Jungfrau Maria zu locken. Die Getauften mußten ihre Sippe verlassen und in der Missionsstation leben. Sie hatten regelmäßig zu arbeiten, bekamen Katechismusunterricht und sangen bald lateinische Kirchenlieder.

Es war ihnen untersagt, zu ihren Stämmen zurückzukehren. Denn dort herrschte nach wie vor der Teufel. Die Chumash etwa kannten Scheidung, Wiederheirat, Ehe auf Probe und ließen die jungen Leute sexuell herumexperimentieren. So mancher monogam gemachte Indianer ließ sich von der Sünde locken und flüchtete aus der Missionsstation. Die Soldaten holten die moralischen Schwächlinge zurück. Gott strafte gewöhnlich mit der Peitsche, mit Stockschlägen oder mit Fußfesseln.

1492, im Jahr der Landung des Christopher Columbus an einer der Mittelamerika vorgelagerten Inseln, war Kardinal Rodrigo de Borja zum Papst Alexander VI. ernannt worden. Er erließ im Mai 1493 eine päpstliche Bulle, die den Christen das Recht zusprach, den Heiden Länder und Güter zu nehmen. Zwar gab es zur Zeit der beginnenden Christianisierung Nordamerikas bereits eine neue Bulle von Papst Paul III., die den Indianern zugestand, wirkliche

Menschen zu sein, die auch Eigentum besitzen dürften, de facto wurde aber Christianisierung mit Menschwerdung gleichgesetzt.

Die Bekehrung der amerikanischen Urbevölkerung war eine zähe Angelegenheit. Allein in Kalifornien dauerte sie vierzig Jahre. Aber letztlich war das Werk des Junípero Serra, seiner Ordensbrüder und Soldaten erfolgreich. Von den 100600 Erwachsenen aus den Stämmen der Chumash, Salina, Wintun, Maidu, Miwok, Costano, Yokuts, Karok, Shasta, Pomo, Yana und Chimariko wurden 53600 getauft und 47000 begraben. Tertium non datur.

Vielleicht war es diese unerbittliche Konsequenz, die den an der Atheismusfront erprobten Karol Wojtyla auf die Idee brachte, Junípero Serra selig zu sprechen. Doch damit nicht genug. Der Bischof von Monterey, Thaddeus Shubsda, setzt sich im Vatikan dafür ein, daß der Franziskaner, ohne den Amerika vermutlich nicht Amerika wäre, auch noch zum Heiligen gemacht wird. Die Anhörungen sind im Gange. Die Überlebenden der Chumash sollen von dieser Idee nicht ganz so begeistert sein.

Der Stand der Dinge

In Arizona steht die gut erhaltene Missionsstation Tumacacori, eine Gründung des Jesuitenpaters Eusebio Francisco Kino. Ihm oblag die Christianisierung der vom Westen aus gesehen zweiten Reihe von Indianerstämmen. Hier dauerte der Kampf wesentlich länger und manchmal erlitt das Missions- und Soldatenwerk erhebliche Rückschläge. So ist die Missionsstation Tumacacori weniger ein Zeichen des siegreichen Christentums als vielmehr ein Denkmal der siegreichen Indianer. Sie haben die weißen Eroberer erfolgreich bekämpft. Schon 1691 gegründet, wurde die Missionsstation zwischen 1830 und 1840 aufgegeben – dreißig Jahre, nachdem man begonnen hatte, eine große Kathedrale nach spanischem Vorbild zu bauen, die nie vollendet wurde.

35 Kilometer weiter nördlich, im Papago-Indianerreservat, liegt die Missionsstation San Xavier, eine weitere Gründung von Eusebio Francisco Kino. Sie ist bis heute im Betrieb. Zwar waren auch hier die Indianer kurzfristig erfolgreich, aber die vertriebenen Missionare kamen 1911 zurück und blieben bis heute.

Das Papago-Indianerreservat ist heute eine einzige Kupfermine.

Sie zieht sich entlang einer Straße, die von alters her Mission Road heißt. Zu beiden Seiten sieht man schräge Wände, die jeweils in Hochebenen enden. Die natürlichen Berge wurden abgetragen und nach der Durchsiebung des Gesteins nebenan als künstliche Berge wieder angeschüttet – schön symmetrisch, mit planen Flächen und scharfen Kanten. Kein Stein blieb auf dem anderen. Wo früher ein Berg stand, ist jetzt im Winter ein See und im Sommer eine ausgetrocknete, gleißende Wüste. Wer weiß, vielleicht wachsen in zweihundert Jahren auf den neuen Bergen Saguaro-Kakteen und wer weiß, vielleicht gibt es dann Menschen, denen diese künstliche Landschaft gefällt. Im Nordwesten ist es gerade erst hundert Jahre her, daß die zuletzt auch in starke Stammesrivalitäten verstrickten Indianer den bewaffneten Kampf aufgaben und sich in ihre heutigen Reservate zurückzogen. Den Abschluß bildete das Massaker von Wounded Knee, wo Soldaten eine vorwiegend aus Frauen und Kindern bestehende Schar von Indianern einfach zusammenschossen. Der Ort erregte 1973 noch einmal internationale Aufmerksamkeit, als er vom American Indian Movement besetzt wurde, um Reparationsforderungen Nachdruck zu verleihen.

Nach dem Massaker von Wounded Knee waren amerikanische Geschichte und Geschichte der Native Americans endgültig voneinander abgekoppelt. Ein rasch beschlossenes Gesetz verbot den Indianern ein paar Jahrzehnte lang die Ausübung ihrer Religionen. Das wars. Was die nordamerikanischen Indianer heute den Touristen vortanzen, hat etwas mit der Ökonomie der ihnen anvertrauten Wüsten und Steppen zu tun, aber nichts mit ihrer religiösen Identität. Von der wurden sie gewaltsam abgeschnitten.

Nördlich des Grand Canyon liegt das Reservat der Navajos. In Hütten und Buden werden entlang der Bundesstraße US-90 Schmuck, Keramik und handgewobene Decken verkauft. Ein Schild weist darauf hin, daß auch Plastikgeld willkommen ist. Gelegentlich kommt man an Indianerdörfern vorbei. Sofern man die Ansammlung jämmerlicher Hütten mit Stromzufuhr und Fernsehantennen so bezeichnen will. Am Rande eines der größten Touristenzentren der Vereinigten Staaten hausen die verarmten Ureinwohner. Ein unfruchtbareres Gebiet als das der Navajos ist nicht vorstellbar. Staub, Sand, Steine – mehr gibt es nicht. Selten einmal ein Baum, ein Gestrüpp oder ein wenig Buschgras. Im Sommer ist alles braun oder rot.

Die Navajos waren 1864 der Übermacht der Soldaten von Colonel Kit Carson erlegen. Neuntausend von ihnen mußten einen etwa fünfhundert Kilometer langen Marsch durch die Steppe New Mexicos nach Arizona auf sich nehmen, wo sie ihr erstes Reservat am Pecos-Fluß bekamen. Heute gehört zu ihrem Reservat wieder ein guter Teil New Mexicos dazu. Es ist das bei weitem größte Indianerreservat der Vereinigten Staaten. Sie nennen sich »Navajo Nation« und entsenden Abgeordnete in das Kapitol von Santa Fe. Ihre Lebensbedingungen sind jedoch trister denn je. Einige arbeiten im Kohlebergbau, andere in der Uran-Industrie. Die meisten sind arbeitslos und leben von Wohlfahrt. Das Pro-Kopf-Einkommen der Navajos beträgt ein Drittel des US-Durchschnitts.

Die Navajos wollen den Fremdenverkehr ausbauen. Er ist zur wichtigsten Einnahmequelle der Indianer geworden. In manchen Gegenden, wie etwa im kalifornischen Solvang, ist es auch das Glücksspiel, das ihnen das Autonomiestatut zusichert. Von vielen wird diese Verdienstmöglichkeit des »Indian Bingo« als Gesetzeslücke betrachtet. Der Häuptling der Chumash, sagen sie, heiße »Jack Pot«.

Überall liegen Autowracks herum. Indianer sah ich nur Schrottkisten fahren. Sind die Autos endgültig kaputt, werden sie einfach abgestellt und dienen als technologische Ressource für alle, die noch etwas Brauchbares finden. Obwohl es entlang der Bundesstraße Zäune gibt, muß man damit rechnen, daß Pferde, Kühe oder Schafe über die Straße laufen. In der Abendsonne glitzert der Müll, vom Wind an die Abgrenzzäune gefegt oder über das Land verteilt. Früher haben die Navajos keine Müllabfuhr gebraucht. Aber was sollen sie heute einkaufen, ohne daß Müll anfällt?

Manche Dächer sind aus Blech, andere mit alten Autoreifen abgedeckt. Hin und wieder sieht man auch achteckige Rundbauten aus Holz oder Lehm. Sie sind die Nachfolger der Tipis und haben den Rauchfang in der Mitte. Auf Kirchen trifft man häufig. Gelegentlich ein kleines Feldchen mit einer Krautscheuche darauf.

Im Gebiet der Everglades lebten jahrhundertelang die Talusa-Indianer. Ihr Gott war die Sonne. Sie wohnten in Lehmhütten und ernährten sich von Schalentierchen, Fischen, Schildkröten und Pflanzen. 1513 durchstreiften die ersten Europäer dieses Gebiet: Sklavenhändler, Schatzsucher und spanische Abenteurer. Die Indianer haben sich eine Zeitlang erfolgreich gegen die Eindringlinge gewehrt. Doch die Weißen kämpften mit bakteriologischen Waffen: Sie hinterließen ansteckende Krankheiten, an denen die Indianer starben. Hinzu kamen Angriffe der Cree-Indianer, die von den Weißen nach Florida gedrängt wurden und dort um Lebensraum kämpften.

Es gab da noch einen dritten Indianerstamm. Doch die Weißen nannten sie alle nur Seminolen. Sie versuchten die Einheimischen aus Florida hinauszudrängen, in Reservate westlich des Mississippi. Das führte zu den sogenannten Seminolenkriegen – mit erwartetem Ausgang. Reste dieser Indianerstämme leben heute in ein paar Dörfern entlang des 1928 fertiggestellten Tamiani-Trails, der mitten durch den Dschungel der Everglades führt.

Früher brachte dieser Weg die Krokodiljäger zu ihrer Beute. So lange, bis auch die Alligatoren und Silberreiher in Florida fast ausgerottet waren. Die Alligatoren und Silberreiher konnte man erfolgreich wieder ansiedeln.

Als wir den Lincoln National Forest durchquerten, kam ich mir vor, als wäre ich in der Steiermark. Die Gegend ist äußerst fruchtbar. In den Lichtungen stehen gepflegte Gehöfte. Der Forst grenzt an das Reservat der Mescalero-Apachen. Dort, wo die Gegend unfruchtbar wird und trocken, beginnt das Indianerreservat. Der Name Mescalero war mir bekannt als das Pseudonym eines Göttinger Studenten. Indem er eine »klammheimliche Freude« über einen Terroranschlag nicht verhehlen wollte, provozierte er eine Sympathisantenhetze in der Bundesrepublik Deutschland.

Damals, in den siebziger Jahren, wurden wieder einmal die Indianer entdeckt und so mancher Alternative spielte Stadtindianer. Durch das Reservat der Mescalero-Apachen in New Mexico führt eine asphaltierte Straße, von der aus man Viehweiden, kleine Hütten und Schrottautos sieht. Im Ort Mescalero steht, als Symbol der abgeschlossenen »Zivilisierung«, die Josefskirche. Daneben wurde ein Tipi aufgestellt, in dem statt Indianern ein unter der Mittagshitze leidender Hund saß. Einige andere Hunde streunten in der Gegend herum. In der Kirche selbst wird Josef vernachlässigt. Seiner Braut Maria hingegen wird ausgiebig gehuldigt. Einmal ist sie als Indianerin dargestellt, ein andermal trägt sie einen Federschmuck.

Mit alten, scheppriegen Lastautos kamen am späten Nachmittag die Indianer von der Arbeit heim. Mit öffentlichen Geldern wurde an einem jenseits der Schnellstraße gelegenen Platz ein flacher Betonbau hingestellt. Er trägt die Aufschrift: Indianisches Kulturzentrum. Kein Mensch war dort auffindbar. Daneben gibt es einen Supermarkt mit Tankstelle. Auf dem Parkplatz wächst Gras zwischen den Ölflecken. Die Mescalero-Apachen waren die letzten Indianer, die die Waffen abgaben und einem Friedensvertrag mit den Vereinigten Staaten zustimmten.

Wo Indianer sind, sind die Souvenirshops nicht weit. Nicht alle werden von Indianern betrieben. Die größten von ihnen haben mit Indianern nichts zu tun, außer daß sie ihre längst zerstörte Kultur vermarkten. Die Verkäuferinnen sind Weiße und auf so mancher Ware steht: Made in Taiwan.

Die Verträge, die den Native Americans bestimmte Territorien zur Selbstverwaltung zusichern, sind von der US-Regierung jederzeit einseitig kündbar. Da die Indianerreservate keine Staaten im Sinne des Völkerrechts sind, haben deren Bewohner keinen Zugang zu internationalen Gremien. Sie können daher bei auftretenden Problemen auch keinen internationalen Rechtsanspruch einklagen, sondern sind auf den guten Willen der Regierung und auf die Solidarität anderer Gruppen angewiesen.

Der indianische Fluch

Einen merkwürdigen Beweis dafür, daß der Genozid an den Indianern bei den Weißen dumpfes Schuldbewußtsein hinterlassen hat, fand ich in Kanada. Das Hafenbecken von Halifax gleicht einem großen See, der durch einen schmalen Zugang mit dem Meer verbunden ist. Seit jeher betrachten Militärs dieses Stück großzügiger Natur als willfährigen Kriegshelfer. Im Hafen von Halifax, Kanadas einzigem eisfreien Atlantikhafen, wurden in den Weltkriegen die alliierten Flottenverbände zusammengestellt. Lange Zeit lag über diesem Hafen ein indianischer Fluch.

Im Jahre 1917 verlagerte sich das Grauen des Ersten Weltkrieges für einen Moment nach Halifax. Dort kollidierte im Nebel ein norwegischer Frächter mit einem französischen Munitionsschiff. Die dabei ausgelöste Detonation war so heftig, daß am angrenzenden Berghang alle Häuser niedergerissen wurden und 1300 Menschen ums Leben kamen. Die Bürger von Halifax konnten nicht verstehen, daß damit auch noch der dritte Teil eines indianischen Fluches in Erfüllung gegangen war, obwohl sie ihm schon nach dem zweiten Teil nachgegeben hatten.

Der Fluch stammte noch aus dem vorigen Jahrhundert. Die Briten hatten die Franzosen aus der Provinz Nova Scotia vertrieben und wollten über das Hafenbecken von Halifax eine Brücke bauen. Doch die Indianer wehrten sich. Für sie galt der Nordteil des Hafens als heiliges Land. Da der Widerstand vergeblich war, sprach der Medizinmann einen Fluch aus: Die Brücke soll dreimal einstürzen. Das erste Mal im Sturm. Das zweite Mal in aller Stille. Das dritte Mal mit Feuer und Donner.

Kaum war die Brücke fertiggestellt, wurde sie vom Sturm umgekippt. Doch die Briten bauten sie wieder auf. Zwei Jahre später lag sie eines Morgens bei Windstille im Wasser. Bis heute weiß kein Mensch, warum. Da gaben die Briten nach und Halifax bekam seine Brücke an einer anderen Stelle, abseits vom heiligen Indianerland. Hätte man die Brücke wieder aufgebaut, wäre sie 1917 erneut eingestürzt, als das Munitionsschiff explodierte.

In den sechziger Jahren wurde an dieser Stelle erneut eine Brücke geplant. Aber noch bevor die Stadtväter mit einem deutschen Bankenkonsortium über die Finanzierung verhandelten, besuchten sie ein verwahrlostes Arbeitslosenviertel in der mittlerweile am nördlichen Hafenbecken entstandenen Stadt Dartmouth. Es war das Indianerreservat. Der religiöse Leiter, wie der Medizinmann jetzt genannt wurde, ließ sich bewegen, von der Brücke den Fluch zu nehmen.

Die neue Hängebrücke wurde von den besten Ingenieuren der Welt gebaut. Dennoch pilgert jedes Jahr eine Abordnung der Bürger von Halifax zu einem versoffenen Medizinmann im verkommensten Viertel von Dartmouth, um sich zu vergewissern, daß über dem Hafen kein neuer indianischer Fluch lastet.

Peitschenhiebe den Sündern

Die ersten weißen Gesetze Amerikas, in der Kirche von Jamestown erlassen, muten uns an wie die eines Klerikalregimes. Sieben Peitschenhiebe für jeden, der über einen anderen schlecht spricht. Keine Vergnügungsreisen an Sonntagen. Kirchgangspflicht. Schwören und Fluchen sind verboten.

Die USA sind nur deshalb kein Kirchenstaat geworden, weil es zu viele Religionen gab, die ihren eigenen Kirchenstaat gründen wollten. Einigen, wie den Mormonen in Utah, ist es nach langen Auseinandersetzungen gelungen, wenigstens auf einem begrenzten Territorium Religionsgesetze Staatsgesetze werden zu lassen.

Bis heute sind die Kirchen die wichtigsten Begegnungs- und Versammlungsorte der amerikanischen Gesellschaft. In einem Land mit extremer Mobilität bilden sie ein wichtiges Identitäts- und Beharrungsmoment. De facto erfüllen sie Funktionen, die bei uns entweder noch den Familien und der Nachbarschaft zukommen, oder von staatlichen Institutionen übernommen wurden. Und so mancher, der in Not gerät, findet einzig bei den Kirchen noch Hilfe.

Die USA sind das religiöseste Land der westlichen Hemisphäre. 89 Prozent der Einwohner beten regelmäßig zu Gott. 65 Prozent glauben an die Existenz der Hölle. Nur acht Prozent fühlen sich keiner Religionsgemeinschaft zugehörig. Dies ergab eine Studie, die im Frühjahr 1991 im Auftrag der City University von New York abgeschlossen wurde.

Trotz eines hohen Zustroms aus dem asiatischen Raum ist die Zahl der Muslime (1,4 Millionen), Buddhisten (eine Million) und Hinduisten (500 000) relativ gering. Aus arabischen und asiatischen Ländern wandern hauptsächlich Christen nach Amerika aus. Insgesamt bekennen sich 86,5 Prozent der US-Bevölkerung zu christlichen Religionen.

Die Katholiken bilden mit 65 Millionen Mitgliedern (26 % der Bevölkerung) nur deshalb die größte Gruppe, weil sie ihre Religion am fleißigsten verbreiteten. Dagegen haben es die achtzig Millionen Protestanten nicht einmal zu einer gemeinsamen Kirche gebracht. Viele Reformierte sind von Europa nach Amerika ausgewandert, um ihre Religion bewahren zu können, und sie haben bis heute keine Lust, Glaubensinhalte zu einer Verhandlungsfrage zu machen. Jeder soll glauben, was er will.

Diese Einstellung war die psychologische Voraussetzung für die frühe liberale Verfassung Amerikas. Während in Mitteleuropa der erzwungene oder opportunistische Gesinnungswechsel immer an der Tagesordnung stand, haben sich in den USA Religionsgemeinschaften, deren Mitglieder bei uns schon im 17. Jahrhundert verjagt worden waren, in einer Frische erhalten, als wären sie eben erst gegründet worden.

Die protestantischen Religionen gliedern sich in mehr als tausend Gruppen, Denominationen genannt. Da gibt es die Baptisten, die Methodisten, die Lutheraner, die Kongregationalisten, die Presbyterianer, die Episcopalianer, die Mennoniten, die Unitarier, die Quäker, die Mormonen, um nur einige größere zu nennen. Sie alle haben ihren eigenen Glaubensritus und ihre eigenen Kirchengebäude, die von außen oft gar nicht als solche kenntlich sind. Es kann durchaus sein, daß ein in der üblichen Flachbauweise errichteter Supermarkt sich als Kirche entpuppt. Es kann auch umgekehrt sein. In Bowling Green, Ohio, fanden wir den Kindergarten nicht, obwohl wir direkt davor standen. Er ist in einer ehemaligen Kirche untergebracht.

Die Kirchen suchen sich ihre Mitglieder durch Inserate, Plakate, regionale Fernsehspots und persönliche Werbeaktionen. Die Samstagausgaben der Tageszeitungen vermitteln ein Bild des Religionsmarktes. In der Regionalzeitung *The Blade* habe ich einmal die Kircheninserate nachgezählt. Das Blatt erscheint in Toledo, einer Industriestadt in der Größe von Graz. Am 2. Februar 1991, einem ganz gewöhnlichen Wochenende, hatten 137 Kirchen mit 31 verschiedenen Glaubensbekenntnissen inseriert.

Ich habe an Sing- und Betstunden, sachlich Service genannt, von verschiedensten Kirchengemeinschaften teilgenommen. Sie sind mit der steifen Liturgie unserer Katholiken nicht vergleichbar. Immer wurde ich mit großer Herzlichkeit angesprochen und immer hatte ich Mühe klarzustellen, daß ich aus reiner Neugier anwesend bin. Die meisten Kirchenbesuche waren nicht nur mit Musik- und Tanzshows verbunden, sondern auch mit Kinderbetreuung oder gar mit einem anschließenden Mittagessen.

Schwarze Zöpfe

Die Kirchen der Afroamerikaner sind meist baptistischer oder methodistischer Gesinnung. In ihnen herrscht eine Euphorie wie unter hiesigen Teenagern in einem Grönemeyer-Konzert. Auch ihre Geschichte begann in Jamestown.

Während die Einheimischen gerade einem Religionstest unterzogen wurden, ging ein niederländisches Schiff vor Anker und brachte eine zweite Sorte von »Wilden«. Im Frachtraum befanden sich zwanzig Afrikaner. Sie wurden von den Siedlern mit Begeisterung gekauft. Von da an konnten nicht genug holländische Schiffe anlegen. Meine Jamestownbroschüre vermerkt mit unübertrefflicher Sachlichkeit: »Die Arbeitskräfte wurden auf den Tabakfeldern bitter benötigt.«

Die Weißen bauten den Schwarzen lieber Kirchen als Schulen und schufen ihnen damit ungewollt eine Versammlungsmöglichkeit, die später zum Rückgrat der Bürgerrechtsbewegung wurde. Die schwarzen Kirchen waren Widerstandsnester, Schutzhütten vor Unterdrückung und rassischen Vorurteilen, Schlupfwinkel, in denen sich die Afrikaner vom Alltag erholen und gegen eine feindliche Umwelt wappnen konnten.

Doch die von den Weißen aus Europa mitgebrachte puritanische Moral war langfristig auch bei den Afrikanern erfolgreich. Wenn heute der als aufständisch bekannte Pfarrer Calvin O. Butts in der vollen Abyssinian Baptist Church in Harlem zur Aktion aufruft, dann sollte man genau hinhören. »Ich habe einen Traum«, so begann er 1989, in Anspielung an Martin Luther King, seine Inaugurationspredigt. »Wir haben lange genug gehofft, jetzt geht es darum, die Hoffnungen zu verwirklichen. Wir müssen die Prophezeiungen wahr machen.«

Was meinte er? Umverteilung? Revolution gar? Weit gefehlt. Hätte er die Macht, die christliche Botschaft zu verwirklichen, so gab er dem *New York Times Magazine* bekannt, würde er dafür sorgen, daß die Gesetze gegen Glücksspiele, öffentliches Trinken und öffentliches Urinieren eingehalten werden. Er würde am Abend Ausgangssperren für Teenager verhängen und Autos konfiszieren, in denen laute Musik gespielt wird. »Am Anfang würde es darüber mit den Zivilrechtsgruppen Auseinandersetzungen geben«, sagt er, »aber bald würde man den Unterschied zu früher sehen und dann würden mich die New Yorker unterstützen – Schwarze und Weiße.«

Da er aber die Macht nicht hat, ist er vorläufig darauf angewiesen, das Christentum in bescheidenerem Ausmaß zu verwirklichen. Mit einer Schar Jugendlicher zog er durch Harlem und übertünchte die Zigaretten- und Alkoholreklamen mit weißer Farbe. Solange, bis die Polizei einschritt. Das heißt ein gesellschaftliches Problem am puritanischen Zopf packen.

Das Gebet an die Nation

Man muß sich die amerikanische Gesellschaft als eine große Religionsgemeinschaft denken, an der, mit einer Ausnahme von etwa zehn Prozent, alle intensiv mitmachen. Nicht zufällig ist das Zentrum der Macht, der Regierungsdistrikt in Washington, in der Form eines Kreuzes angelegt worden. Das Kreuz und die amerikanische Fahne gelten mehr oder weniger als dasselbe Symbol. Die amerikanische Mission ist jenes weite Feld, das sich zwischen Sündenfall und Gottes Wiederkehr erstreckt. Die Welt wird erst dann gottgefällig sein, wenn sie ganz auf amerikanischen Prinzipien beruht. Der ehemalige amerikanische Botschafter Henry Grunwald hat in einem vielbeachteten Artikel im *Time Magazine* ein neues amerikanisches Jahrhundert in Aussicht gestellt.

Vor der Siegesparade der »Golfhelden« am 8. Juni 1991 in Washington sagte George Bush: »Die Feinde des Friedens, diese brutalen Aggressoren, konnten den gemeinsamen Gebeten von 250 Millionen Amerikanern nicht standhalten.«

Ein amerikanischer Politiker, der sich nicht auf Gott beruft, hätte keine Chance gewählt zu werden. Nach dem protestantischen Laienprediger Jimmy Carter kam einer, der Erzbischof und Superintendent gleichzeitig spielte. Ihm folgte der Kreuzzugspastor George Bush. Sollte Jesse Jackson es jemals schaffen, dann nicht weil er schwarz, sondern weil er Pastor ist. Der Name Gottes steht auf jeder Banknote. Er steht in der amerikanischen Verfassung und in den Verfassungen fast aller Bundesstaaten. Der Präsident beendet seine Reden mit der Formel: Gott segne Amerika.

In Santa Barbara, Kalifornien, sah ich die Parade zum amerikanischen Nationalfeiertag. Die Menschen mochten noch so viele Fahnen schwingen, tanzen und Amerika-Lieder singen, Autos fahren und Pferde traben lassen, die Stimmung blieb zunächst müde. Erst als das Militär aufmarschierte, mit Panzern und Lastwagen, war der Jubel nicht mehr zu bremsen. Der Glaube an Freiheit und der an Militarismus sind unzertrennlich. Diese Einheit wurde während des Golfkrieges aufs Neue beschworen. Davon profitierten selbst die vorbeimarschierenden Vietnam-Veteranen. Früher im Stich gelassen, werden sie jetzt wie die Befreier Amerikas gefeiert.

Ein paar Tage zuvor hatte ich die Amerikaparade von Disneyland gesehen, die am Abend des 4. Juli auch im Fernsehen übertragen wurde. Sie stellte mit viel Aufwand eine in den USA ohnedies alltägliche Botschaft dar: Amerika ist das freieste, beste und schönste Land der Welt. Die tanzenden schwarzen Schönheiten und die fahnenschwingenden, gutgebauten Burschen aller Couleurs verstanden es, eine ansteckende Euphorie zu verbreiten. Eine halbe Stunde lang rockten sie den patriotischen Hit von Lee Greenwood: Proud to be American. T-Shirts mit dieser Aufschrift sieht man seit dem Golfkrieg allenthalben.

Es gibt einen nationalen Feiertag, der dem amerikanischen Militarismus gewidmet ist. Der Memorial Day ist, was die Soldaten betrifft, offenbar dazu da, sie damit zu trösten, daß sowohl ihr Leben als auch ihr Ableben der Freiheit diene. In der ABC-Sendung *Good Morning America* wurde ein geschmückter Soldatenfriedhof gezeigt. Ein Mann erklärte den Zuschauern, daß dies ein Ort der Freude sei, denn die Soldaten hätten sich für die Freiheit geopfert. Das Symbol der Freiheit, so fuhr er fort, sei die amerikanische Flagge. Ich habe keinen Zweifel daran, daß es auch die Mehrheit der Amerikaner so sieht. Alle anderen Freiheitssymbole, die es sonst noch auf der Welt geben könnte, werden für eine halbe Sache, oder, sofern sie sich gegen amerikanischen Imperialismus wenden, für einen politischen Irrweg gehalten. Das ultimative Symbol der Freiheit, das letztlich den Weg einer amerikanischen Weltmission weist, ist das Sternenbanner. Manche schleppen es überall mit herum. Auf den Campingurlaub, auf den Radausflug, ja selbst auf den Mond.

Als eine der sonderbarsten Gepflogenheiten ist mir das Ritual des Fahneneides erschienen. In den meisten Schulen, ja schon in den meisten Kindergärten beginnt der Tag damit, daß die Kinder sich vor der Fahne aufstellen, die rechte Hand aufs Herz legen und gemeinsam folgenden Satz sagen: »Ich schwöre meine Treue zur Flagge der Vereinigten Staaten von Amerika und zur Republik, für die sie steht, eine Nation vor Gott, unteilbar, mit Freiheit und Gerechtigkeit für alle.«

Ihr fester Glauben an die Freiheit in Gestalt ihrer Nation macht es den Amerikanern möglich, nationale Programme effektiv zu verwirklichen. Als sie beschlossen, mit dem Rauchen aufzuhören, stellte innerhalb weniger Jahre praktisch der gesamte Mittelstand das Rauchen ein. Noch besser, weil über den Mittelstand weit hinausgehend, funktionieren nationale Programme, wenn sie sich als missionarischer Auftrag für die Welt verstehen. Nicht zuletzt hat uns die freiwillige Gleichschaltung des Landes im Golfkrieg vor Augen geführt, was es heißt, national zu handeln.

Im Gegensatz zu den europäischen Nationalismen sucht sich der amerikanische Patriotismus seine Feindbilder nicht nach ethnischen Gesichtspunkten. Das macht ihn im eigenen Land unbestrittener. Durch den hohen nationalen Konsens und die hohe patriotische Begeisterungsfähigkeit, die unterhalb der Armutsgrenze allerdings deutlich geringer sind, könnte so manches gesellschaftliche und ökologische Problem, das sich heute noch als trostlos darstellt, unerwartet schnell gelöst werden. Voraussetzung wäre allerdings, daß es gelingt, die durch außenpolitische (und militärische) Operationen künstlich hergestellte Einheit wieder in ein gemeinsames Selbstverständnis zu transformieren, das mehr ist als ein Glaubensbekenntnis, das die Wirklichkeit überblendet. Es müßte sich den nun seit Jahren unangetasteten Problemen im eigenen Land stellen. Wenn das gelingt, dann haben wir alle etwas davon. Denn die neue Einheit kann nur mehr eine sein, die sich entschieden zum Multikulturalismus bekennt.

Die öffentliche Moral

Rein sei die Kunst

Der puritanische Zopf ist länger als der katholische, und er wird besser gepflegt. Im letzten Jahrzehnt hat die Moralität reaktionäres Übergewicht erhalten, so daß die künstlerische Freiheit ausgerechnet im »Land der Freiheit« ständig an ihre Grenzen stößt.

Im April 1990 mußte Dennis Barrie, Direktor des Zentrums für zeitgenössische Kunst in Cincinnati, zusehen, wie plötzlich die Sittenpolizei einmarschierte und die etwa 450 Besucher hinauswies. Die Polizisten verlasen eine Anklageschrift wegen Verbreitung von Pornographie und Kindesmißbrauchs.

Mit Videokameras filmten sie die an den Wänden hängenden Aufnahmen des 1989 verstorbenen Kunstfotografen Robert Mapplethorpe. Fünf der 175 Bilder zeigten sadomasochistische Posen und auf zweien waren nackte Kinder zu sehen. Das gilt in Amerika, wo man nicht einmal in der Sauna auf nackte Menschen trifft, als ein starkes Stück. Ein halbes Jahr später wurde Dennis Barrie freigesprochen. Die *New York Times* brachte diesen Freispruch auf der Titelseite in großer Aufmachung. Es war ein Fest für die liberalen Kunstfreunde in ganz Amerika. Allen war klar, daß dieses mutige Urteil nicht die Volksmeinung widerspiegelt. Aber jede andere Entscheidung hätte der Zensur Tür und Tor geöffnet.

Mapplethorpes Bilder waren schon einmal, als sie in einer Washingtoner Galerie ausgestellt waren, auf Widerstand gestoßen. Republikanische Abgeordnete, allen voran Amerikas Paradereaktionär, der republikanische Senator Jesse Helms, hatten herausbekommen, daß die Galerie (und damit indirekt die Ausstellung) vom nationalen Kunstfonds NEA gefördert wurde. In Hinblick auf die eigene Zukunft blieb der Galerie nichts übrig, als die Ausstellung abzubrechen. Seither hat es provokante Kunst deutlich schwerer. Doch Jesse Helms ist damit noch nicht zufrieden. Er bringt im Kongreß Anträge ein, die eine Förderung von Kunst, die Sexualität impliziert, überhaupt untersagen wollen.

Die Filme des Briten Peter Greenaway, die vielen Europäern als Kultfilme gelten, wurden von der Freigabestelle in Hollywood als

Pornographie eingestuft. Mitglieder der Rap-Gruppe 2 *Live Crew* mußten sich vor Gericht wegen obszöner Songtexte verantworten. Ein Plattenhändler in Fort Lauderdale, Florida, der ihre Platten an Polizeispitzel verkauft hatte, wurde gerichtlich verurteilt. Die Fotografin Alice Sims aus Alexandria, Virginia, machte eine Bilderserie ihres nackten Babys. Das Fotolabor verständigte die Polizei. Die Bilder wurden beschlagnahmt, das Haus der Fotografin durchsucht. Ihre beiden Kinder wurden ihr vom Jugendamt weggenommen. Sie durften, da keine weiteren Nacktbilder gefunden wurden, einen Tag später zur Mutter zurück.

Der strikten Hochhaltung puritanischer Werte unterlag auch der österreichische Maler Josef Schützenhofer. Er malte ein Bild mit dem ironischen Titel »Der Kapitalismus ist tot«. Es zeigt Margaret Thatcher, Lech Walesa, Jozef Glemp, Helmut Kohl und den amerikanischen Multimillionär Malcolm Forbes auf einem mittelalterlichen Schauwagen. Mit abgewinkeltem Spielbein und nacktem Oberkörper präsentieren sie sich dem Publikum. Sie haben lange Penishülsen umgeschnallt, auch Margaret Thatcher. Kardinal Glemp steckt in einem Gymnastikanzug, die rote Mitra auf dem Kopf. Die Herrschaften werden nicht weit kommen, denn die Plattform, auf der sie stehen, hat die hinteren Räder verloren. Sie versuchen mit ihren Körpern aufzutrumpfen. Der Busen von Margaret Thatcher ist dabei kaum größer als die Fettbrust von Helmut Kohl.

Im Jänner 1991 hat der Künstler dieses Bild anläßlich einer Ausstellung seiner Werke im Anne Arundel Community College, im Bundesstaat Maryland, an die Wand gehängt. Die Öffentlichkeit hat es dennoch nie zu Gesicht bekommen. Schon am nächsten Tag war es abgedeckt. Es galt die Gefühle örtlicher Kirchenmitglieder zu schonen. Als die Ausstellung eröffnet wurde, war das Bild durch ein Landschaftsgemälde ersetzt. Josef Schützenhofer hat einen Teilzeitjob als Collegeprofessor, den er nicht aufs Spiel setzen wollte. Das Anne Arundel Community College hat mittlerweile die Gelder fürs Aktzeichnen gestrichen. Anfang 1992 wurde ein anderes Schützenhofer-Bild Gegenstand heftiger Debatten im Parlament von Maryland, weil darauf ein hüllenloser George Bush zu sehen ist.

Es scheint kein Land zu geben, in dem die Freiheit der Kunst nicht mit religiösen oder moralischen Werttraditionen kollidiert.

Und man müßte es der Kunst als Schwäche auslegen, wenn sie nicht mehr in der Lage wäre, solche Konflikte zu provozieren. In den USA, wie im großen und ganzen auch bei uns, ist der urbane Raum, der seine Attraktivität unter anderem von der Akzeptanz solcher Widersprüche bezieht, auf einige Großstädte beschränkt.

Eines der Argumente der Gegner des »Kapitalismus«-Bildes von Josef Schützenhofer war, daß es nicht in einem Museum, sondern an einem Ort ausgestellt war, wo es auch Menschen sehen konnten, die nicht an Kunst interessiert waren. Das ganze Museumswesen, die Absonderung und Einsperrung von Kunst in spezielle, gut gesicherte Gebäude, die man zuerst finden und in denen man oft auch noch zahlen muß, ist ein Versuch, Konflikte zwischen Kunst und Gesellschaft zu verhindern. Aber nicht einmal dort gelingt das immer. Manche Leute gehen eigens ins Museum, um nachher vor einem Richter sagen zu können, sie fühlen sich in ihren religiösen Gefühlen verletzt. Nie habe ich gehört, daß sich einer beklagt hätte, von der allerorts präsentierten religiösen Kunst in seinen atheistischen Gefühlen verletzt zu werden.

Viele Bilder von Schützenhofer sind Persiflagen auf die Erotik der Macht und die Scheinheiligkeit ihrer Vertreter. Sie sind in den USA entstanden, haben oft amerikanische Themen zum Inhalt, aber sie haben zur Zeit nur an wenigen Orten der USA eine Chance, gezeigt zu werden. Nicht wegen des Themas Macht, sondern wegen des Themas Erotik. Bald, so meinte die Performance-Künstlerin Karen Finley, werde man keinen Hot Dog mehr essen dürfen, weil das an einen sexuellen Vorgang erinnere.

Alles Theater

Auch mir blieb eine Niederlage gegenüber der puritanischen Moral nicht erspart. An der Deutschen Abteilung der Staatsuniversität von Bowling Green studierten wir das Theaterstück mit dem umständlichsten Titel der Welt ein. Es stammt von Peter Weiss und heißt: *Die Verfolgung und Ermordung Jean Paul Marats, dargestellt durch die Schauspielgruppe des Hospizes zu Charenton unter Anleitung des Herrn de Sade*.

Das Stück zeigt, wie der wegen seines exzentrischen Sexualverhaltens berühmt-berüchtigte Marquis de Sade in der Irrenanstalt

Charenton ein Stück über die Französische Revolution aufführt. Anlaß für dieses Stück im Stück ist der 15. Jahrestag der Ermordung des Revolutionärs Jean Paul Marat. Mir war die Rolle des radikalen Sozialisten und ehemaligen Mönches Jacques Roux zugedacht.

Drei Tage vor der Premiere wurde mir klar, daß unsere Inszenierung eine kleine Kürzung enthalten wird. Das fingierte Stück de Sades endet mit einem sogenannten tableau vivant, mit der Nachstellung zweier berühmt gewordener Bilder. Das eine heißt »Der ermordete Marat«. Es zeigt den tot aus der Badewanne hängenden Revolutionär. Auf dem anderen Bild, das zum künstlerischen Inbegriff der Französischen Revolution wurde, wird die Freiheit dargestellt: Als eine von Kraft und Schönheit übervolle Frau, die mit entblößter Brust und erhobener Fahne den revolutionären Kampf anführt.

In de Sades Nachstellung dieses Bildes wird die Freiheit von der Mörderin Marats verkörpert. Statt der Trikolore, dem Banner der Freiheit, hält sie das blutige Messer in der Hand. Und ihre Bluse ist nicht durch die stürmische eigene Lebenskraft aufgesprengt worden, sondern sie wurde von den Hütern der Ordnung zerrissen. Die Menschen klammern sich auch nicht an sie, weil sie in die Freiheit geführt werden wollen, sondern weil sie die Frau zum Schafott bringen. Die Freiheit, so de Sades zynische Neudeutung dieses Bildes, ist eine mörderische Illusion.

So weit so gut. Bloß gespielt haben wir's halt nicht. Die aufgeklärtesten und kritischsten Kolleginnen und Kollegen erklärten mir plötzlich, daß man das in Amerika nicht zeigen kann. Ein paar Sekunden, wenn auch unbewegte, so doch echte Brust auf offener Bühne sei nicht möglich. Das hätte die schlimmsten Folgen. Außerdem sei eine solche Darstellung ja ohnehin sexistisch.

Drei Tage lang kämpfte ich vergeblich um die korrekte Inszenierung des Stückes. Ich redete mir den Kopf heiß, ich schrieb Papiere, ich telefonierte. Doch dann sagte die Darstellerin, daß sie ihren Busen zwar ohne weiteres auf einer österreichischen, aber auf keiner amerikanischen Bühne entblößen würde. Außerdem seien ihre Eltern im Publikum und die würden sie nie wieder ansehen. Da hatte ich verloren.

Freilich war meine Niederlage ein Klacks gegen jene Blüten, die puritanische Moral zur gleichen Zeit in North Carolina trieb. Es wird vermutlich noch Jahre dauern, bis sich herausstellt, daß Betsy Kelly völlig unschuldig im Gefängnis sitzt. Sie wurde Opfer einer Massenhysterie. Ihr Leben wird ruiniert sein, auch wenn sie letztlich freigesprochen werden sollte. Vor Gericht wurde Himmelschreiendes erzählt. Betsy und ihre Freunde sind der satanische Auswurf der puritanischen Kleinstadtmoral.

Zusammen mit ihrem Mann Bob und zwei Helferinnen führte sie in der Kleinstadt Edenton einen Kindergarten. Jeder mochte Betsy und von niemandem gab es jemals eine Klage. Bis eines Tages ein Bub zu Hause erzählte, er sei von Bob Kelly geohrfeigt worden. Die Mutter nahm ihr Kind sofort aus dem Kindergarten und wartete darauf, daß Betsy und Bob kommen würden, um sich zu entschuldigen. Sie kamen nicht.

Nach vier Monaten begann die Mutter die Ohrfeige sexuell zu interpretieren und war entschlossen, etwas gegen ihre ehemalige Freundin Betsy zu unternehmen. Sie fand eine andere Frau, der die neue Vermutung zumindest eine Untersuchung wert war. Sie gingen zur Behörde. Der Kindergarten wurde sofort geschlossen. Zuerst wurde Bob verhaftet, wenig später Betsy, schließlich die beiden Helferinnen.

Mit den Erwachsenen ging zwar damals schon die Phantasie durch, doch die Kinder wollten noch nicht recht ansprechen. Erst als man sie nach zehn Monaten in Psychotherapie nahm, wurde der Skandal perfekt. Die Kinder erzählten den Therapeuten, wie sie sexuell mißbraucht worden waren.

Bob Kelly hat es mit seiner Frau und den Helferinnen vor den Kindern getrieben. Sie haben den Kindern Bleistifte und Scheren in Vagina und Anus gesteckt. Sie haben die Kinder zu Cunnilingus und Fellatio gezwungen. Und vieles andere mehr.

Über Jahre hat das niemand bemerkt. Weder der Koch, der täglich kam, noch Aushilfen, die manchmal den ganzen Tag dort arbeiteten, noch Eltern, die zu unterschiedlichen Zeiten ihre Kinder abholten. Die Kinder haben auch nie irgend jemandem gegenüber auch nur irgendwelche Andeutungen gemacht. Als sie aber von der Psychotherapie heimkamen, waren sie überzeugt, daß es so war.

»Ich hätte das nie für möglich gehalten, aber mein Kind sagt das, und ich glaube ihm«, lautet die monotone Auskunft. Und plötzlich hatten die Kinder auch deutliche Störungssymptome und bedurften daher einer regelmäßigen Therapie.

Die Mütter waren den Therapeuten dankbar, daß sie die Kinder von diesem Druck befreiten. Eine Mutter erzählte im Fernsehen, ihr Kind sei, nachdem es in der Therapie an diese schrecklichen Vorfälle erinnert worden war, monatelang jede Nacht zu ihnen ins Ehebett gekommen.

Was genau die Kinder zu Protokoll gaben, war Arztgeheimnis und blieb auch der Verteidigung vorenthalten. Schließlich sollte ja nicht das Vertrauensverhältnis der Kinder zu ihren Therapeuten gestört werden. Bald wechselte der erste Verteidiger die Seiten. Sein Sohn war ebenfalls in Therapie gewesen.

Die Verteidigung konnte sich darauf berufen, daß bei keinem Kind physische Spuren gefunden wurden und daß es drei Kinder gab, deren Eltern die vom Gericht initiierte Psychiatrierung verweigerten. Sie wurden von anderen Ärzten untersucht, und es stellte sich heraus, daß ausgerechnet diese drei von dem grausigen Geschehen nichts mitbekommen hatten. Die Eltern dieser Kinder, die sich entschlossen, für Betsy Kelly auszusagen, erhielten Drohungen und warteten auf den Tag ihrer Verhaftung: Bis irgend jemand sie bezichtigen würde, mit Betsy Kelly gemeinsame Sache gemacht zu haben.

Jeden Tag, wenn ich meine Kinder in den Kindergarten brachte, sah ich die von ihren Eltern zu Kitschpuppen ausstaffierten Kleinen. Im Winter froren sie in ihren Plüschkleidchen und Mascherln. Doch das schien die Eltern nicht zu stören. Hauptsache, ihre Kleinen sahen aus wie Unschuldsengerl und Barbie-Puppen. Im Fernsehen sah ich Betsys Vater, einen honorigen Herrn, der seit zwei Jahren sowohl bei McDonalds als auch auf seiner Kirchenbank allein sitzen muß. Als er davon erzählte, brach er plötzlich in Tränen aus.

Allein und im eigenen Bett

Eine Auswirkung puritanischer Moral, die Europäern auf Schritt und Tritt auffällt, sind die strengen Alkoholgesetze. In den USA gelten gastronomische Betriebe ohne jeglichen Alkohol als die normalste Sache der Welt. Im mittleren Westen kann es einigen Organisationsaufwand bedeuten, wenn man ein Restaurant finden will, das nicht nur gutes Essen anbietet, sondern auch noch Aperitif, Bier und Wein. Hat man es gefunden, wird man staunen, daß es von außen am ehesten einer Lagerhalle oder einem Supermarkt gleicht. Es hat zum Beispiel keine Fenster. Oder die Vorhänge sind zugezogen. Wer ein paar mal vom angenehmsten Sonnenschein in solche eiskalten, künstlich beleuchteten Speisegruften gewechselt hat, der wird nicht mehr ganz so scharf darauf sein, seinen europäischen Geschmack unter allen Umständen aufrechtzuerhalten. Solche Schikanen tun übrigens der Leber gut. In Österreich ist die durch Alkohol verursachte Sterblichkeit dreimal so hoch wie in den USA.

In Saint Augustine, in Florida, saß ich in einem straßenseitigen Restaurantgarten, ließ mir den herrlichen Rotwein schmecken und beobachtete die vorübergehenden Menschen. Ich genoß das, denn ich hatte entbehrt. Im gesamten mittleren Westen war mir ein Jahr lang kein Restaurant untergekommen, das es zugelassen hätte, in aller Öffentlichkeit Alkohol zu trinken.

Als ich durch die zum wunderschönen Campus der Miami University führende Geschäftsstraße von Oxford, Ohio, schlenderte, kam ich an einem Gasthaus vorbei, das zwei verlockende Angebote hatte: Es gab mehrere gute Zapfbiersorten und es gab straßenseitig einen kleinen Gastgarten. Leider stellte sich schnell heraus, daß die beiden Attraktionen alternativ gemeint waren: Entweder Gastgarten oder Bier.

In manchen Bundesstaaten darf Alkohol nur in staatlichen Betrieben verkauft werden. Wein- und Bierflaschen werden, auch wenn sie sich schon in einer Tragepackung befinden, noch einmal in ein braunes Papiersackerl gesteckt. Es ist nicht üblich, Alkohol öffentlich herzuzeigen. Wer mit einer offenen Bierdose herumläuft, kann verhaftet werden.

Viele Gemeinden haben sich durch Volksabstimmung für eine immerwährende Trockenheit entschieden, andere haben nur die harten Getränke verbannt. In solchen Fällen muß man einfach eine der Ausfahrtsstraßen nehmen. Gleich nach der Ortstafel steht garantiert ein Alkoholgeschäft. Nicht in Nevada, da ist auch das verboten. Dafür gibt es fast an jeder Tankstelle einen Glücksspielautomaten.

Die jungen Menschen können zwar plötzlich eingeladen werden, irgendwo auf der Welt mit Gewehren die Ideen der Zivilisation zu verbreiten, doch um das Ergebnis ihrer Aufklärungsarbeit zu verkraften, wird ihnen nicht einmal ein Beruhigungsschluck gegönnt. Nicht aus Achtung vor fremden Kulturen, sondern weil sie noch nicht 21 Jahre alt sind. In Gasthäusern und Kaufhäusern müssen sie einen Ausweis vorlegen. Das hat zur Folge, daß amerikanische Jugendliche mit Alkohol nicht umgehen können. Wenn sie bei einer Party einmal an das illegale Zeug rankommen, sind sie innerhalb kürzester Zeit stockbesoffen.

Nicht alle Bundesstaaten haben sich freiwillig auf ein Alkoholverbot unter 21 festgelegt. Immerhin entgingen ihnen dadurch ja Steuereinnahmen. In Ohio zum Beispiel begann das Trinkalter mit neunzehn Jahren und seit 1987 mit zwanzig Jahren. Doch die Regierung in Washington verlangte, es um ein weiteres Jahr hinaufzusetzen, sonst würden die Mittel für den Autobahnbau gestrichen werden.

Seither hat die Polizei eine Menge zu tun. Denn in Wirklichkeit rühren, einer Umfrage zufolge, nur zwölf Prozent der Jugendlichen prinzipiell keinen Alkohol an. Gelegentlich kann es zu einem regelrechten Aufstand betrunkener Jugendlicher kommen. Bei einer Party am Campus der Universität von Hartford in Connecticut war es soweit. Die Polizei kam um ein Uhr nachts, um ein Bierfaß zu beschlagnahmen. Doch die Studenten wehrten sich. Die Zeitungen berichteten von einer regelrechten Schlacht, bei der viele Biergläser und Flaschen zu Bruch gingen. Am Schluß gab es einige Verletzte und Dutzende Verhaftete. Zwölf Studenten wurden des Aufstands gegen die Staatsgewalt angeklagt, eines schwerwiegenden Verbrechens also, und verbringen seither ihre Zeit hinter Gittern.

Ein gebürtiger Deutscher erzählte mir, daß er vor dreißig Jahren seinen neuen Professorenjob um ein Haar losgeworden wäre, weil er bei einer Party alkoholische Getränke angeboten und vergessen hatte, die Vorhänge zuzuziehen. Es waren keine Studenten geladen, aber die Studenten hätten sehen können, daß Professoren trinken.

So puritanisch geht es in keiner Universitätsstadt mehr zu. Dennoch stößt man ständig auf die Merkwürdigkeiten und Komplikationen, die durch die Alkoholgesetze entstehen. Als ich an einer Universität einen Vortrag hielt und mir wünschte, daß beim anschließenden Empfang auch Wein angeboten werde, entspann sich daraus ein erhebliches administratives Problem. Der Vortrag war nämlich auch für Studenten unter 21 zugänglich. Wer trägt die Verantwortung, wenn einer dieser Studenten ein Glas Wein trinkt? Schließlich wurde der Fall so gelöst, daß Wein nicht einfach im Selfservice angeboten, sondern jeweils an eindeutig erwachsen aussehende Personen ausgeschenkt wurde.

Als ich einmal erzählte, daß man in den österreichischen Universitätsmensen auch Wein und Bier kaufen kann, wurde ich fassungslos angeschaut. Eine Studentin, die als erste die Sprache wiederfand, fragte mich: Und wie löst Ihr das Problem mit den Frühschwangerschaften? Vermutlich habe nun ich blöd dreingeschaut, weil ich gar nicht richtig verstand, was sie meinte. Aber dann las ich im Studentenmagazin *miscellany*, was Joshua Kaplan, der Direktor des Gesundheitszentrums der Universität von Bowling Green, über die Kombination von Alkohol und Sex sagte. »Alkohol macht die Menschen tolpatschig und dumm. So wie jeder dafür verantwortlich ist, daß ein betrunkener Freund nicht Auto fährt, so ist er auch dafür verantwortlich, daß der Freund allein in seinem eigenen Bett zu liegen kommt.«

Das haben wir vom Sieg des Katholizismus, der sogar noch das gute Wasser in Wein verwandeln will, daß uns solche bedeutenden Zusammenhänge bislang einfach entgangen sind. Wir sehen das Problem der Vergewaltigungen, aber wir übersehen, daß die Täter sehr oft betrunken sind. Wir sehen das Problem ungewollter Schwangerschaften und daraus resultierender Schwangerschaftsunterbrechungen, aber wir denken nicht im Traum daran, statistisch zu erfassen, wieviele Promille im Vorspiel waren. Wir bekämpfen die Symptome, aber nicht das Übel. In puritanischen Gegenden ist man da viel gründlicher. In Ohio gibt es eine Elementary School, die das Rotkäppchen aus dem Verkehr gezogen hat. Nicht etwa, weil die Szene mit dem Wolf als Verführungsszene erkannt wurde, sondern weil Rotkäppchen der Großmutter Wein bringt.

Im Gasthaus traf ich einen, der einen Anstecker mit folgender Aufschrift trug: »Betrinken wir uns, und machen wir ein Kind!« Er muß sich ziemlich frech vorgekommen sein.

Der Golfkrieg

Beten für den Sieg

Als George Bush am 15. Jänner 1991 in seinem Schlafzimmer die Entscheidung zum Beginn des Golfkrieges fällte, war er nicht allein. Nein, nicht seine Frau war bei ihm, sondern der Prediger Billy Graham, mit dem er »nach ausführlicher Gewissenserforschung und einem Gebet« zur Ansicht kam, daß es sich um einen »gerechten Krieg« handle.

»Wir werden gewinnen«, sagte der Präsident, »weil die Amerikaner mit dem Vertrauen auf Gott bewaffnet sind.« Ein paar Tage später rief er zu einem »nationalen Gebetstag« auf.

Am 17. Februar 1991 besuchte George Bush in einer kongregationalistischen Kirche im Bundesstaat Maine die Sonntagsandacht. Dabei kam er mit einer speziellen Minderheit in Berührung, mit einem Gläubigen, der nicht an den gerechten Krieg glaubte. Nach etwa zehn Minuten Gottesdienst lud die Pastorin Patricia Adam die Gemeinde ein, für das gemeinsame Gebet ihre Sorgen zu äußern. Da stand John Schuchardt, ein dem FBI längst bekannter Antikriegsdemonstrant, auf und sagte: »Wir müssen bedenken, was es bedeutet, jeden Tag von mehr als zweitausend Flugzeugen bombardiert zu werden.«

Die Gemeinde eilte ihrem Präsidenten zu Hilfe und sang aus voller Seele: »God bless America.« Doch Schuchardt begann erneut: »Wir sollen Friedensbringer sein? Was wir tun, ist sündhaft und unmoralisch!« Die Gläubigen überschrien ihn: »Das ist kein politisches Forum, das ist die Kirche Gottes.« Einige riefen: »Raus hier!«

Schuchardt gab noch immer nicht auf. Da wurde er einfach von Sicherheitsagenten geschnappt und hinausgetragen. Die Gemeinde sang »Gott ist unsere Zuflucht und Stärke«, und Schuchardt schrie, während er sich widerstandslos abführen ließ: »Ich erhebe meine Stimme für die Stimmlosen.« Als der Störenfried fort war, konnte der Gottesdienst in gewohnter Weise fortgesetzt werden. Einer stand auf und bat um ein Gebet für die Mutter eines Freundes, der drei Zehen operativ entfernt worden waren.

Nach der Andacht sagte George Bush zu Andrew Rosenthal,

einem Journalisten der *New York Times*, der Zwischenfall habe ihn nicht im Geringsten gestört. John Schuchardt war inzwischen wegen ordnungswidrigen Benehmens im Bezirksgefängnis von York interniert worden. Er war schon einmal gesessen, ein ganzes Jahr lang, nachdem er »auf rechtswidrige Weise« in eine Waffenfabrik eingedrungen und Raketensprengköpfe mit Blut beschmiert hatte.

Präsident Bush hatte seinen dunklen Anzug mittlerweile gegen einen Jogginganzug gewechselt und lief mit Sicherheitsbeamten am nahe gelegenen Strand auf und ab. Der Journalist Andrew Rosenthal durfte eine Zeit lang daneben herlaufen. George Bush versicherte ihm, daß der Krieg gut verlaufe.

Ein Protokoll

Bowling Green, 31. Jänner 1991. Hätte mir jemand in Österreich den amerikanischen Patriotismus so dargestellt, wie ich ihn jetzt im mittleren Westen erlebe, ich hätte vermutlich gesagt: Deine Erregung in Ehren, aber ganz so schlimm kann es nicht sein. Da gab es doch nach Vietnam eine Menge Bücher und Filme, die eine naive Kriegsbegeisterung einfach nicht mehr zulassen. Schon gar nicht, wenn es gegen ein Volk der Dritten Welt geht. Nun sitze ich hier in Ohio mit einer Wut, die vom Staunen noch ganz gelähmt ist.

Der Vietnamkrieg wird von der Bush-Administration neu gedeutet. Was vor einem Jahr noch ein Trauma genannt wurde, ist zu einer bildhaften Formel geronnen, die mittlerweile von jedem Schulkind aufgesagt wird: »Beim Vietnamkrieg war den US-Soldaten eine Hand an den Rücken gebunden!« Wie ein Erlösungsseufzer geht es durch das Land. Die Fessel, das war die Antikriegsstimmung zu Hause. Nein, nicht der Vietnamkrieg war das Schlimme, sondern die Not der Generäle, die durch die extensive Berichterstattung immer mehr auf die öffentliche Meinung Rücksicht nehmen mußten. Daher jetzt die rigide Zensur. Nur von den Militärs ausgewählte Reporter dürfen berichten. Bilder von der Gewalttätigkeit des Kampfgeschehens werden nicht mehr zugelassen.

Schon Ende des Vorjahres, als immer mehr Truppen in die Golfregion geschickt wurden, hatte ich den Eindruck, daß die beiden staatstragenden Generationen der Zwanzig- bis Fünfzigjährigen endlich auch ihren erfolgreichen Krieg haben wollen. So wie ihn vor der Vietnamschlappe die Großeltern und Urgroßeltern hatten, gefeiert als große Befreier der Welt. George Bush und die Seinen brachten den Wunsch ins Gespräch, und weil er so gut ankam, wurde er auch erfüllt.

Die massive Mobilisierung der US-Truppen am Golf wäre ohne emotionale Mobilisierung der Amerikaner nicht möglich gewesen. Die Bevölkerung der USA war auf einen Krieg gut vorbereitet. Die massenhaft gelesenen Boulevardzeitungen haben von Anfang an mit einem militärischen Eingreifen der USA sympathisiert.

Wer glaubt, daß die in der Reagan-Ära aufgewärmten Feindbilder verschwunden sind, unterschätzt ihre langlebige emotionale Kraft als Identitätsbildner. Es gab zwei große Feinde, die wahlweise gegeneinander ausgetauscht, manchmal auch verwechselt wurden: den Kommunismus und den Islam. Letzterer hat sich jedoch, im Gegensatz zum Kommunismus, nachhaltig als siegreich erwiesen. Und er hat immerhin, was die USA betrifft, eine ihrer großen asiatischen Bastionen, das Schah-Regime, hinweggefegt.

Der Krieg gegen den Irak stellt sich dar als die Rache am falschen Land, als ostentativer Triumphzug einer sich moralisch und technologisch überlegen fühlenden Gesellschaft gegen die Barbarei. Daß es dabei selbst barbarisch zugehen könnte, ist zur Zeit hier nicht faßbar. Was das Fernsehen nicht ununterbrochen zeigen kann, ist nicht. Und nichts liegt der amerikanischen Seele ferner als die Erkenntnis der eigenen Brutalität.

An der mit 18000 Studenten nicht ganz kleinen Staatsuniversität von Bowling Green, Ohio, gab es neulich eine gut besuchte Demonstration – aber nicht gegen, sondern für den Krieg. »Wir unterstützen unsere Truppen«, stand auf Transparenten, und »Wir sind stolz auf Euch«. T-Shirts mit Kampfbombern, die in der Morgenröte über die Wüste rasen, fanden reißenden Absatz. Sie tragen die Aufschrift »Desert Storm. 17. 1. 1991, 0 Uhr 20«. Man kann sie bald überall kaufen, und es gibt Variationen. Gestern sah ich sie in einem Geschäft für Wohnmobile.

Die Veranstalter der Demonstration meinten, die Medien würden den Kriegsgegnern zuviel Aufmerksamkeit schenken. Jetzt, da es den Krieg wirklich gäbe, sei die Zeit der kritischen Vorbehalte vorbei und man müsse die Truppen in jeder nur möglichen Form unterstützen. Da unterschieden sie sich nicht von den Kongreßabgeordneten in Washington. Wer auch immer den Mund aufmacht, alle scheinen an einer gemeinsamen Zunge zu hängen. Es hatte etwas Gespenstisches, als eine Frau, deren Sohn beim Kampf um die Stadt Khafji gefallen war, heute im Fernsehen sagte, am meisten ärgere sie sich über diejenigen, die jetzt noch gegen den Krieg demonstrieren.

»Es ist zu spät, um gegen den Krieg zu sein«, schrieb James Temple in der Zeitung *The Blade*. »Ergreift die US-Flagge und unterstützt Euer Land und Eure Soldaten mit Eurem ganzen Herzen und Eurer ganzen Seele. (...) Ich habe Dreiviertel der Welt bereist und habe noch kein besseres Land gefunden. Amerika ist immer noch das großartigste Land auf Gottes Erden. Gott segne Amerika.«

Will ich ablesen, was an der Tankstelle das Benzin kostet, steht da in Leuchtschrift: »Gott segne unsere Truppen!« Mein Zeitschriftenhändler hat seine Werbetafel, auf der er sonst immer bekanntgab, daß es bei ihm auch Kaffee und Donuts gibt, mit »Betet für unsere Truppen« neu gestaltet. Vor zwei Tagen hat er offenbar den falschen Fernsehkanal erwischt. Mit roten Blockbuchstaben hat er die Worte PROTESTIERT NICHT dazugeschrieben. »Betet für unsere Truppen« steht auch auf dem Kassazettel des benachbarten Supermarkts und dasselbe steht auf dem Leintuch, das aus einem Universitätsfenster hängt. Die kritischen Geister erkennt man daran, daß sie sich eine Variation erlauben: »Betet für den Frieden«. Das ist das Äußerste, was zur Zeit hier möglich ist.

Wohnhäuser und Geschäfte haben Fahnen gehißt oder in die Fenster geklebt. Die Dörfer und Städte sind zur Flaggenparade angetreten. Parkuhren und Laternen strecken flatternde Arme von sich, Bäume, Autoantennen, Verkehrsschilder und Postkästenfüße sind mit gelben Schleifen umwickelt. Diese werden von einer Unzahl aufdringlicher Menschen um einen Dollar das Stück verkauft. Der Erlös geht an die Truppen.

Am Abend treffen sich die Patrioten in den Sport- und Festhallen zum Fahnenschwenken und zum Absingen stärkender Lieder, die im wesentlichen immer dasselbe aussagen: Gott und die Freiheit sind dort, wo Amerika ist. In San Diego haben sich 3600 rot, weiß und blau gekleidete Heimatkrieger gleich selbst zu einer spektakulären Menschenfahne aufgestellt. Die 30000 Zuschauer im Jack Murphy Stadium wurden durch diese, den Truppen nachgelebte Disziplin in einen wahren Nationalrausch versetzt. Das ließen sich die Bürger in Florida nicht gefallen. Sie fertigten eine Fahne von mehr als zweihundert Metern Seitenlänge und stellten ein paar tausend Menschen drumherum, exakt die Umrisse der Vereinigten Staaten nachbildend. Nun hatten sie das größte Truppenunterstützungsspektakel. Sie werden bald geschlagen sein. Wahrscheinlich wird schon irgendwo eine Fahne genäht, so groß, daß sie, mit Ballons hochgezogen, das ganze Land umspannt.

Die Medien machen Riesengeschäfte. Sie haben zwar keine Informationen (und die sie haben, dürfen sie nicht bringen), dafür berichten sie um so ausführlicher. Ihnen obliegt es, die gut organisierten Patriotismus-Kampagnen zu verstärken und eine nationale Solidarität herzustellen. Wann haben sie sich sonst um verarmte Schwarze an der Westside von Chicago gekümmert. Jetzt, da viele Schwarze an der Front sind, liest man allerorts Darstellungen des Elends und Spendenaufrufe für verarmte Familien von Soldaten. Das Leid der Iraker hingegen ist ausgeblendet.

Eine Sonderstellung nimmt der Fernsehsender CNN ein. Er widmet sein Programm rund um die Uhr dem Golfkrieg. Da er als einziger amerikanischer Sender einen Korrespondenten, Peter Arnett, in Bagdad hat, werden in diesem Sender auch Bilder vom Ausmaß der Zerstörung im Irak gezeigt. Als Arnett in der ersten Kriegswoche berichtete, daß eine von US-Bomben zerstörte B-Waffenschmiede aller Wahrscheinlichkeit nach die einzige Babynahrungsmittelfabrik des Landes war, wurde er von der Bush-Administration für einen Überläufer gehalten. Senator Alan Simpson, ein enger Vertrauter von George Bush, erklärte in einer Pressekonferenz: »CNN-Korrespondent Peter Arnett ist ein Sympathisant des Irak. Er war Reporter im Vietnamkrieg und hat seinen Pulitzer-Preis damals vor allem wegen seiner US-feindlichen Berichte gewonnen. Außerdem war er verheiratet mit einer Vietnamesin, deren Bruder beim Vietkong aktiv war.«

Peter Arnett bemühte sich zwar, seine Ehre wiederherzustellen, indem er nachwies, daß beide Brüder seiner Exfrau in Wirklichkeit vom Vietcong schikaniert worden waren, aber ruhig wurde es um die Affäre erst, als die *Washington Post* dem Senator Alan Simpson nachwies, daß er selbst vor dem Krieg Saddam Hussein mit freundschaftlichen Ratschlägen zur Seite gestanden hat.

Die Zeitungen haben ihre Auflagen erhöht. Manche Blätter, die früher noch am Abend in Stößen herumlagen, sind dank patriotischer Schlagzeilen nun schon zu Mittag ausverkauft. Daneben blüht nicht nur der Handel von T-Shirts, Posters, Fahnen und Buttons mit der Aufschrift »Unterstützt unsere Truppen«, als echte Renner erweisen sich noch ein paar andere Kleinigkeiten: Kondome mit der Aufschrift »The Desert Shield«, Hundemarken, die den Vierbeiner als Wüstenstürmer ausweisen, Zielscheiben mit Husseins Porträt, sowie Voodoo-Puppen in Gestalt von Saddam Hussein, damit diesen Leibhaftigen jeder Bürger in privater Zeremonie abstechen kann.

Eine nicht unbedeutende Plattenfirma hat in alter Tradition zum Feldzug den passenden Hit herausgebracht, der von den Radiosendern laufend gespielt wird. Es ist ein neuer Aufguß von Lee Greenwoods »God bless the USA«. Der schaurige Originalton von Husseins Drohungen wird überblendet von Worten der Zuversicht, daß der Freiheitskampf erfolgreich sein werde. Dazu singt eine Gruppe von Rockgirls den Refrain »Gott segne die USA«. Wie hatte doch der Präsident vor dem jubelnden Kongress gesagt? »Wir kommen einer hohen Verantwortung nach. Denn zur Zeit sind nur wir in der Lage, die harte Arbeit der Freiheit auf uns zu nehmen und eine neue Weltordnung zu schaffen.«

Das mit »der harten Arbeit der Freiheit« mag jeder auf seine Weise interpretieren. Ein Geschäftsmann aus Toledo am Erie-See malte auf einen alten Lieferwagen das Konterfei von Sadam Hussein. Bei Kundgebungen verteilt er Hämmer und Äxte, mit denen die Leute nach Herzenslust auf das Auto einschlagen können. Vielleicht hätte das, massenhaft angewandt, ja gereicht?

Am 27. Jänner gab es in der Footballarena von Tampa, Florida, das Finalspiel, genannt Super Bowl, zwischen den New York Giants und den Buffalo Bills. Die ganze Nation saß vor dem Fernsehapparat. Das begeisterte Publikum mußte sich nicht mit dem Ersatzkrieg begnügen. In der Pause wurden Szenen aus dem wirklichen Krieg eingespielt, und Barbara und George Bush nutzten die Gunst der Stunde für eine nationalistische Propagandaveranstaltung. Schon am Eingang waren 72500 Fahnen verteilt worden. Manche taten sich schwer mit der Entscheidung, welchen Sport sie vorziehen sollten, den in der Wüste oder den daheim. Die Zeitschrift *Newsweek* berichtete, daß General Colin Powell die Wüstenschlacht ein »super Super Bowl« nannte.

Seither beginnen alle Sportveranstaltungen mit einer Reverenz an die Truppen am Golf. Selbst beim kleinsten Collegebasketball-match muß man darauf gefaßt sein, daß plötzlich ein paar echte oder verkleidete Soldaten mit Karabinern einmarschieren und dem Publikum stehende Ovationen entlocken. Die besten Amerikaner legen dabei die Hand aufs Herz. Fahre ich mit den Kindern zur Eis-revue, muß ich mich über Lautsprecher belehren lassen, daß die Vorstellung nicht für das Publikum gegeben wird, sondern für die Truppen am Golf. Natürlich, alles ist den Truppen gewidmet.

Während ich diese Zeilen schreibe, propagiert ein Rundfunksen-der in Toledo eine Art nationale Sing- und Lichteinschaltübung. Sie soll morgen von 9 Uhr 50 bis 10 Uhr stattfinden. Die Bevölkerung wird aufgefordert, ein paar andere Rundfunksender, die sich dieser Aktion nicht freiwillig angeschlossen haben, durch ständige Tele-fonanrufe zum Patriotismus zu bekehren.

Aber warum bloß? Ihr Wunsch ist doch in Erfüllung gegangen. Sie haben den Krieg, den sie wollten. Offenbar reicht ihnen das nicht. Alle sollen diesen Wunsch haben, alle sollen sich mit dem Krieg gegen den Irak identifizieren. Nicht genug, alle sollen es auch zeigen. Wer es nicht tut, muß sich an der Heimatfront in den Bunker begeben. In einem jener radikalpatriotischen Leserbriefe, denen die Zeitungen viel Platz einräumen, befand Charles R. Testa aus Walbridge, Ohio: »Die Protestierer sind Husseins fünfte Kolonne. Gegen den Krieg zu sein, heißt die Soldaten demoralisieren und den Feind zu unterstützen.« Ich kann die Ausschließlichkeit, die dieser Patriotismus fordert, nur als Zeichen einer profunden Unsicherheit deuten. Die neue Lesart des Vietnamkriegs ist noch zu jung, als daß sie in Fleisch und Blut übergegangen wäre. Jeder kleine Wirklich-keitsrest jenseits des Wunschbildes wird zur großen Herausforde-rung.

Vor einer Woche hat es die ganze Nacht hindurch geschneit. Am nächsten Tag wurde es wärmer, das ideale Wetter zum Schnee-mannbauen. Unsere Kinder waren nicht die einzigen, die auf diese Idee kamen. Da und dort in den umliegenden Gärten wurden Schneekugeln gewälzt. Als unser Schneemann stand, ausgestattet mit Karotte und Blechtopf, gingen wir spazieren, um die Schnee-männer der Umgebung zu besichtigen. Doch es gab keine. Im Gar-ten unserer Nachbarn stand statt dessen ein aus Schnee gebauter Schützenpanzer, in dessen Turm eine riesige Fahnenstange steckte. Ein paar Häuser weiter stand eine Schneerakete.

Eine halbe Stunde von hier, in der Kleinstadt Blissfield im Bundes-staat Michigan, wurde das Restaurant des aus Bethlehem stammen-den Palästinensers Tahani Khoury verwüstet und mit Sprühschriften beschmiert. Ein Pfarrer nahm sich des Falles an und half mit einigen Gesinnungsgenossen, es wieder in Stand zu setzen. Doch einige Nächte später wurde es niedergebrannt. Khoury lebt seit achtzehn Jahren in Michigan. Er hatte sich erlaubt, im örtlichen Rotary-Club zu sagen:»Die USA haben 45 Jahre gewartet, das Palästina-Problem zu diskutieren, warum haben sie den Sanktionen jetzt nur fünf Mo-nate Zeit gelassen?« Das FBI wird sich um den Fall kümmern. Man kann ihm nur die Daumen drücken, daß es etwas herausbringt. Denn bis heute hat es nicht herausgebracht, welche Nationalgardisten 1969 die Studenten an der Kent State University erschossen haben.

Natürlich gibt es Meinungsfreiheit in den USA. An der Ostküste, wo die Korrespondenten sitzen. Einer von ihnen, Joseph Sobran, hat sich neulich mit einem Gastkommentar in die *Detroit Free Press* ver-irrt. Er schrieb: »Wenn Sadam Hussein nur die geringste Chance hätte, den Himmel über Washington so aufleuchten zu lassen, wie wir ihn zur Zeit über Bagdad erhellen, Bush würde ihn nicht verhöhnen; er würde verhandeln und vor Fotografen mit ihm posieren und ihn unseren ›Partner im Friedensprozeß‹ nennen.« Als ich das las, war mir, als müßte ich diesen Tropfen verirrter Wahrheit vom Papier abschlecken.

Friedliche Frauen

Es wäre falsch, den amerikanischen Patriotismus als prinzipiell kriegslüstern darzustellen. Nicht nur pazifistischen Religionsge-meinschaften, auch anderen Bevölkerungsgruppen ist der Krieg kein Mittel, um sich Geltung zu verschaffen. Und sie haben durch-aus auch amerikanische Vorfahren.

Die Pueblo-Indianer, von denen nur noch ein paar Tausend im Südwesten der USA in Reservaten leben, galten als friedlich. Sie kämpften, wenn sie selbst oder ihre Kinder in Gefahr waren, aber sie kämpften nicht, wenn es nur darum ging, sich zu revanchieren, das Gesicht zu wahren oder die Ehre wiederherzustellen. Darin un-terschieden sie sich deutlich von anderen Indianerstämmen – und von ihren weißen Besiegern.

Für Carol E. Mueller, Professorin für Geschlechtersoziologie an der Staatsuniversität von Arizona, sind die Pueblo-Indianer ein gutes Beispiel für ihre These, daß Frauen friedfertiger sind als Männer. Die Pueblo-Stämme wurden zwar von alten Männern geleitet, über Krieg und Frieden aber hatten – auch bei den Indianervölkern eine Ausnahme – die Frauen zu entscheiden. Und das, meint Mueller, sei das ganze Geheimnis ihrer vielgerühmten Friedenskultur. Frauen griffen eben viel zögernder zu Gewaltmitteln. Darin liege einer der ältesten Unterschiede zwischen männlichem und weiblichem Verhalten.

Carol E. Mueller kann sich mit ihrer These auf die US-Meinungsumfragen vor und während des Golfkrieges berufen. Als sich das amerikanische Repräsentantenhaus mit 250 zu 183 Stimmen dafür entschied, die Iraker mit militärischer Gewalt aus Kuwait zu vertreiben, war dies eine männliche Entscheidung. Die fünf Prozent Frauen votierten mit siebzehn zu elf Stimmen gegen die Gewalt. In der gesamten US-Bevölkerung befürworteten zur selben Zeit 82 Prozent der Männer den Krieg, aber nur 58 Prozent der Frauen.

Auch wenn es im Zuge dieses von vornherein populären Krieges so aussah, als hätte sich die amerikanische Öffentlichkeit mehr oder weniger vollständig auf die Führung ihres Präsidenten eingeschworen, gab es bei den Meinungsumfragen noch immer einen deutlichen Geschlechterunterschied. Während der schnellen Bodenoffensive der alliierten Truppen waren mittlerweile 88 Prozent der amerikanischen Männer von der Wichtigkeit dieses Krieges überzeugt, bei den Frauen waren es deutlich weniger, nämlich 74 Prozent. Frauen, so Carol E. Mueller, vermögen sich besser in Opfer einzufühlen, auch in Kriegsopfer.

Ihr Kollege Tom W. Smith an der Universität von Chicago hat Umfragen und Stellungnahmen der letzten fünfzig Jahre durchgearbeitet und einen einheitlichen Trend herausgefunden. Frauen votieren weit weniger für Gewalt als Männer. Selbst der Vorschlag, Vergewaltigungen mit dem Tod zu bestrafen, wird mehr von Männern vertreten als von Frauen.

Biologen verweisen auf ein Hormon namens Testosteron, das bei Männern in höherem Maße vorkommt als bei Frauen. Es habe zur Folge, daß die Gewaltschwelle bei Männern niedriger sei. Andere geben zu bedenken, daß besonders Burschen in einer regelrechten Kriegskultur aufwachsen, die mit den Kämpfen der Kinderbanden (oder ersatzweise mit Videospielzeug) beginnt, in den rituellen Schlachten sportlicher Wettkämpfe weiter gefördert wird und beim Militärdienst, übungs- oder kriegshalber, endet. Polizei und Militär sind traditionell männlich. Und wie ein Mensch der Herausforderung des Feuers begegnet, kann man bei Ernest Hemingway nachlesen, oder auf andere Weise bei Elias Canetti, nicht aber bei Gertrude Stein oder Virginia Woolf.

Das Verhalten der Minoritäten spricht für die Kulturtheorie. Bei genauerem Hinsehen läßt sich in den USA das Zentrum der autoritär patriotischen, auf Verbreitung der eigenen Weltanschauung erpichten Kultur lokalisieren. Es wird von den sogenannten WASPs gebildet, von den White Anglo-Saxon Protestants. Minoritäten sind gegenüber dem Krieg als Mittel der Konfliktlösung viel skeptischer. Ihre Unterstützung für den Golfkrieg lag knapp unter 55 Prozent, war also noch niedriger als die der Frauen insgesamt. Am niedrigsten war die Unterstützung bei jenen »ungebildeten« schwarzen Frauen, die auch der Todesstrafe gegenüber am skeptischsten sind.

Frauen sind zwar an sich keine Minorität, aber in den Bereichen der staatlichen Gewaltmonopole sind sie es doch und verhalten sich entsprechend. Das machte schon Ronald Reagan zu schaffen. Da konnte Nancy noch so sehr ihr humanitäres Engagement hervorkehren, den Frauen wollte es weniger einleuchten als den Männern, daß der Bau eines modernen Flughafens in Grenada der Grund sein soll, dieses Land militärisch von seiner selbstgewählten Zukunft zu befreien. Durchschnittlich waren die Sympathiewerte für den starken Mann Reagan bei den Frauen um zehn Prozent niedrigerer als bei den Männern. Die Kluft wurde jedoch deutlich geringer, als Reagan die Abrüstungsverhandlungen mit der Sowjetunion wiederaufnahm.

Uns ist es heute ein Rätsel, wie die Frauen bei den Pueblo-Indianern in die Entscheidungsgewalt über Krieg gelangten. Denn selbst wenn bei uns, utopisch genug, der Frauenanteil im Parlament dem Anteil an der Bevölkerung entspräche, würden vermutlich Militär und Polizei von den Männern mit Zähnen und Klauen als ureigenste Bastionen behauptet werden. Die Lauten und Starken geben den Ton an, die anderen sind nicht zu hören.

Einen traf ich zufällig auf dem Mount Solidad, oberhalb von La Jolla, in Kalifornien, wo er einer gemischtsprachigen Hochzeitsgesellschaft beiwohnte. Er wollte meine Einschätzung der Weltlage wissen. Ich sagte, das hänge nunmehr vor allem von den Amerikanern ab. Da fragte er mich unverblümt, was ich vom Golfkrieg gehalten habe. Ich sagte, ich sei überrascht gewesen von diesem fanatischen Patriotismus. Im übrigen sei die Stimmung in der europäischen Bevölkerung insgesamt anders gewesen, als man sie hier gerne gehabt hätte. Zu meiner Überraschung antwortete er: Wenn Du Psychiater bist, und man ruft Dich zu einem gefährlichen Psychopathen, rottest Du dann seine Familie aus?

Eine treffendere Formulierung zum Golfkrieg hatte ich bislang nicht gehört.

Auf Entenjagd

Der Krieg hat seine Wirklichkeit verloren. Er ist vor allem Fernsehshow. Nicht nur für uns, die Konsumenten des Krieges. Auch für viele Macher.

Dem Piloten eines F-15E Kampfbombers im Nachteinsatz über dem Irak erschien die Welt grün, schwarz und weiß auf einer Videowand. Hinter ihm saß der WSO, der Waffensystemoffizier. Er peilte die Kampfziele an und wählte neue aus. Die beiden hatten durch eine Glaskuppel zwar Ausblick auf den Nachthimmel und die Lichter des feindlichen Abwehrfeuers, aber das war fast unnötiger Luxus. Denn alles, was sie sehen mußten, wurde vor ihnen auf dem Videoschirm übertragen, der ihnen mit Infrarotaufnahmen auch das zeigte, was die Nacht dem menschlichen Auge verborgen hält. Doch der Videoschirm ist auch trügerisch. Er zeigt nur das, was einer, der (mit Nachtanken in der Luft) sieben Stunden oder länger Nachtschicht im Feindesland macht, wahrnehmen kann, ohne den Spaß an seinem Job zu verlieren.

Die *Chicago Tribune* hat einige Bomberpiloten interviewt. Keiner erweckte den Eindruck, als sei ihm bewußt, daß er auch Menschen tötet. »Es ist nichts als ein Videospiel«, sagte Captain Keith Johnson, ein zweiunddreißigjähriger WSO aus York im Bundesstaat Nebraska. »Es sieht sehr spektakulär aus. All die vielen Lichter, die vom Boden heraufkommen und Dich treffen wollen. Wir bleiben bei der Sache, aber es ist faszinierend, das anzuschauen.«

Der Bericht eines *Spiegel*-Reporters begann mit ähnlichen Worten: »Der Blick aus dem Fenster des El-Raschid Hotels in Bagdad, in dem die meisten Journalisten untergebracht sind, erinnerte uns nachts immer ein wenig an Silvester in Deutschland. Leuchtspurmunition steigt in den Himmel. Raketen platzen.«

Aber Captain Johnson gönnte sich das Feuerwerk nur nebenbei und suchte in Ruhe auf den Videoschirmen ein mit bestimmten Koordinaten und Satellitenaufnahmen vorgegebenes Ziel. War es ausgemacht, wurde es dem Computer der Bombe anvertraut. Etwa sechzehn Kilometer vor dem Ziel wurde die Bombe ausgeklinkt. Das Flugzeug drehte ab und der WSO betrachtete in Ruhe seinen Bildschirm. Kameramann war nun die auf ihr Ziel zufliegende Bombe. Ergab sich im Infrarotfilm eine Unschärfe oder eine unvorhergesehene Ablenkung, hatte Johnson die Möglichkeit zur Nachkorrektur. Die Videos wurden an die Kommandozentrale übertragen. Manchmal wurde dort entschieden, eine der rasanten Zoom- Aufnahmen noch einmal zu drehen. Ein Zusammenschnitt besonders gelungener Kamerafahrten wird unter dem Titel »The Greatest Hits« am nächsten Tag ausgewählten Journalisten vorgeführt.

Daß im modernen Videokrieg der Realitätssinn keinen Platz hat, ist bekannt. Aber selbst der abgebrühteste WSO kann nicht aus totalem Erfahrungsmangel bestehen. Er muß wissen, daß dieser Krieg die fatale Schattenseite hat, daß er außer auf seinem Videoschirm auch noch wirklich stattfindet. Da das Empfinden des Videospielers die Wirklichkeit nicht in sich aufnehmen will, ihr aber auch nicht ganz ausweichen kann, macht es sich ein kleines Bildchen, ein Idyll. Das ist offenbar beruhigender, als gar kein Bild zu haben. Die Bomberpiloten bedienten die avancierteste Technologie und redeten, als wären sie beim Indianerspiel.

Das Anpeilen von Bombenzielen und Radarsignalen auf den Bildschirmen bezeichneten die WSOs als »Fährtenlesen«. Die Bomben wurden »pickles«, Gurken, genannt. Das machte es zweifellos leichter, sie abzuwerfen. Und dabei wurde ein Land nicht bombardiert, sondern »gepökelt«. Wurden »mixed pickles« abgeworfen, dann war das nicht ein Glas Essiggurken, sondern eine Clusterbombe, die sich knapp vor dem Aufschlagen in viele kleine Einzelbomben aufspaltet.

Der Leiter des Vierten Taktischen Kampfgeschwaders, Colonel Hal Hornburg aus Dallas, meinte es gut mit seiner Seele. Den Job des Massenmordens beschrieb er so: »Der Vordermann rudert das Boot und der Hintermann schießt die Enten.«

Die freiwilligen Kämpfer

Nach dem Vietnam-Krieg wurde in den USA die zwangsweise Einberufung von Soldaten abgeschafft. Es melden sich so viele Amerikaner freiwillig zur Armee, daß durchaus auch Kriege geführt werden können, ohne daß es zu einem Mangel an Soldaten kommt. Aber wo kommen bloß die vielen Freiwilligen her?

Die meisten haben sich nicht gemeldet, um in den Kampf zu ziehen, sondern um ihren persönlichen Kampf ums Überleben zu beenden. Auffällig ist der überproportional hohe Anteil an Schwarzen. In der Gesamtbevölkerung beträgt er nur dreizehn Prozent, in der Armee jedoch mehr als doppelt soviel, nämlich 29 Prozent. Das hat damit zu tun, daß in den großen Städten vierzig Prozent der schwarzen Jugendlichen ohne Arbeit sind.

Rhoda Hatch, eine Schwarze aus der verarmten West Side in Chicago, erzählte am Beginn des Golfkrieges der *Chicago Tribune*, ihr Sohn habe nach dem High-School-Abschluß davon geträumt, aufs College zu gehen und Architektur zu studieren. Sie habe aber das Geld nicht gehabt. So sei ihm nur die Wahl zwischen schlecht bezahlten Gelegenheitsjobs, Straßenkriminalität und Militär geblieben. Er habe sich für letzteres entschieden. »Aber der dachte, wenn er zum Militär geht, würde es ihm besser gehen, er würde mir aus der Misere helfen und könnte später ins College gehen. Nun steht er an der Kuwaitischen Grenze und ich bete jeden Tag um sein Leben.«

Der Arbeitslosigkeit folgt in den Vereinigten Staaten oft der freie Fall: Obdachlosigkeit, Verwahrlosung, Kriminalität, Gefängnis. Arbeitslosengeld gibt es höchstens 26 Wochen lang. Nur wenigen gelingt es, in dieser Zeit einen neuen Job zu finden, was zur Folge hat, daß nur 37 Prozent der wirklichen Arbeitslosen Unterstützung erhalten. Der Rest muß sich irgendwie durchschlagen.

Die Armee hat in Postämtern, Schulen und Universitäten Werbebroschüren aufgelegt. Unter anderem heißt es darin: »Die Werte, die Du in der Armee entwickelst, machen Dich nicht nur zu einem guten Soldaten, sondern auch zu einem besseren Staatsbürger und besseren Menschen. Du wirst den unverwechselbaren Stolz kennenlernen, der jede echte Leistung begleitet. Man sagt auch Selbstdisziplin dazu. Genau das lernst Du in der Armee und genau das erwartet auch jeder zivile Arbeitgeber.«

Wer nicht durch Ideologie zu überzeugen ist, dem wird Handfestes geboten. Die Armee zahlt den Reservistinnen und Reservisten zum Beispiel die Ausbildung zum Krankenpfleger, Apotheker oder Facharzt. Nicht ohne Zynismus zahlt sie auch eine Ausbildung zum Tierarzt. Man muß dafür jeden Monat einen Tag und einmal im Jahr zwei Wochen an einem Armeetraining teilnehmen. Ja, und da gibt es noch eine Kleinigkeit: Im Notfall, wenn es zum Beispiel Krieg gibt, kann man natürlich jederzeit eingezogen werden. Doch davon wird in den Werbebroschüren nicht gesprochen.

Als es allerdings beim Golfkrieg wieder einmal soweit war und mehr als eine halbe Million Soldatinnen und Soldaten in die Wüste gerufen wurden, kannte das Pentagon keinen Pardon. Kinder von 17500 Familien wurden vorübergehend zu Waisen gemacht. In 16300 Fällen waren der oder die Eingezogene Alleinerzieher, in 1200 Fällen wurden einfach beide Elternteile zum Militärdienst beordert. Auf stillende Mütter wurde keine Rücksicht genommen. Das mußte auch Kerri Worthy aus Tennessee erfahren. Ihr Mann diente in Saudi Arabien bei der Luftwaffe. Sie stillte zu Hause ein gerade erst sechs Wochen junges Baby. Dennoch wurde sie eingezogen. General Colin Powell, mit dem Fall konfrontiert, konnte das Problem nicht sehen. Die Frau hatte sich schließlich einst freiwillig zur Armee gemeldet.

Viele Familien kamen in finanzielle Engpässe. Vor allem dann, wenn sie eine hohe Kreditbelastung hatten und der Mann in seinem zivilen Beruf weit mehr verdient hatte als beim Kriegführen. Die Sache war insofern heikel, weil man in den USA bei Zahlungsunfähigkeit sehr schnell im Gefängnis landet. Und das wäre nun doch eine nationale Schande gewesen, wenn die Frau ins Gefängnis kommt, weil der Mann für das Vaterland kämpft. Die Medien schenkten diesen Fällen große Beachtung, und es bildeten sich zahlreiche Hilfskomitees, die Spendenaktionen durchführten und Druck auf Banken ausübten.

Der Deal mit der Air Force ist da schon um einiges besser. Die Air Force zahlt denen, die sich zwanzig Jahre verpflichten, ein Studium in jedem beliebigen Fach an einem von siebenhundert Colleges und Universitäten nach Wahl und bietet außerdem schon den Studenten ein kleines Einkommen sowie eine Ausbildung zum Privatpiloten. Voraussetzung ist ein collegetauglicher High-School-Abschluß. Das hat zur Folge, daß in der Air Force der Anteil der Schwarzen nur noch knapp über ihrem Anteil an der Gesamtbevölkerung liegt, nämlich bei fünfzehn Prozent. Aber weit über ihrem sonstigen Anteil an Colleges. Eine Voraussetzung gibt es noch. Sie wird in den Werbebroschüren so umschrieben: »Körperliche Gesundheit und ein guter moralischer Charakter.« Letzteres bedeutet zum Beispiel auch, daß der Kandidat nicht homosexuell sein darf.

Sind die Soldatinnen und Soldaten dann bei der Air Force berufstätig, erhalten sie nicht nur ein hohes Gehalt, sondern darüber hinaus eine besonders günstige Krankenversicherung, können billiger einkaufen, mietfrei wohnen und haben einen Urlaubsanspruch von dreißig Arbeitstagen, dreimal so viel wie der Durchschnittsbürger. Zur Entspannung stehen ihnen im ganzen Land eine Fülle von Erholungs- und Sportstätten zur Verfügung. Sind Plätze frei, können sie in US-Militärmaschinen kostenlos die der Großmacht hörige Welt bereisen. Bei der Navy, die allein eine halbe Million Amerikaner beschäftigt, werden sie auch noch gratis abgefüttert. Nach zwanzig Jahren können sie in Pension gehen und nebenbei einen zivilen Beruf ausüben, oder, wie der ehemalige Navy-Mann und Korea-Kämpfer Keith Wilson aus New Mexiko, beachteter Poet werden. Sie sind ja dann noch nicht einmal vierzig Jahre alt.

So mancher Universitätsprofessor, Anwalt oder Arzt bezieht neben seinem Gehalt noch eine Pension von der Navy oder Air Force. Stolz erzählt er dann, daß er im Armenviertel aufgewachsen ist.

Gleich am Beginn des Golfkrieges fanden sich Journalisten und Kommentatoren, die für die Wiedereinführung der Wehrpflicht nach einem Zufallsprinzip eintraten, weil es ein gerechteres System sei. Einer argumentierte, dadurch könnte der ungute Eindruck vermieden werden, die Amerikaner würden, wenn es ernst wird, vor allem die Schwarzen opfern, die ja bei den Bodentruppen weit überrepräsentiert sind.

Dennoch zögerten die Politiker. Eine Wiedereinführung der zwangsweisen Aushebung hätte nämlich mit Sicherheit dem Widerstand gegen militärische Einsätze Auftrieb gegeben. Diejenigen, die an den Universitäten und Colleges Versammlungen zur Unterstützung der Truppen und des Präsidenten organisierten oder an solchen Versammlungen teilnahmen, hatten dazu auch einen guten Grund, ob sie ihn sehen wollten oder nicht: Sie konnten die Truppen ja auch deshalb so herzhaft unterstützen, weil die Truppen statt ihrer kämpften. Und wer weiß, vielleicht unterstützen sie den Präsidenten ja auch nur so lange, als er ihnen zusichert, daß es keine Wehrpflicht geben wird. Wenn aus Mangel an lebenden Soldaten die Neunzehnjährigen wieder auf die Computerliste kämen – wie würden dann die Versammlungen an den Universitäten und Colleges aussehen?

Noch ist der Bedarf an Soldaten gedeckt. Zu Kriegsbeginn haben sich so viele Freiwillige gemeldet, daß die Rekrutierungsstellen vollkommen überlastet waren. Neben all den genannten Gründen, zur Armee zu gehen, gibt es nämlich noch einen, der vor allem in Kriegszeiten besonderes Gewicht bekommt: Der Wunsch, für sein Vaterland mit allen Mitteln tätig zu sein.

In Massenzeitschriften wurde mit mehrseitigen Inseraten das abenteuerliche Soldatenleben angepriesen: »Steh auf und tu Dich hervor. Die Freiheit zu schützen fordert harte Arbeit. Hingabe. Aber der Lohn ist einmalig. Das Wissen, etwas Wichtiges für Dein Land zu tun. Etwas tun, woran Du glaubst. Steh auf und tu Dich hervor.« Kolorierte Bilder im Stil der fünfziger Jahre zeigten Heldinnen und Helden in Aktion. Verwundete oder Tote sah man keine.

Drei Tote

Anthony Rigg war ein Spezialist des elektronischen Krieges. Er hatte am Persischen Golf der Mannschaft eines *Patriot* Raketenwerfers angehört. Am 8. März durfte er die Wüste verlassen. In Fort Bliss, Texas, waren viele Fernsehkameras am Flughafen und fahnenschwenkende und kreischende Menschen. Auch Frau und Tochter. Mit ihnen fuhr er heim nach Detroit, ins Arbeiterviertel Conant Garden. Dort wurde er einen Tag später tot aufgefunden. Den Golfkrieg hat er überlebt, den sozialen Krieg daheim nicht.

Das Begräbnis war eine Massenveranstaltung. Der ehemalige Präsidentschaftskandidat Jesse Jackson hielt die Grabrede. Fotos der trostlosen Witwe gingen durch die Zeitungen der ganzen Nation. Man meinte, Anthony Rigg sei zufälliges Opfer einer der üblichen Straßenschießereien geworden. Doch dann fand die Polizei durch minutiöse Spurensicherung die Wahrheit heraus.

Offenbar gab es unter denen, die für die Truppen beteten, auch solche, die im Krieg die Chance sahen, den Geliebten von den Unbilden des Erdenlebens zu erlösen. Immerhin hatte das Pentagon einen Verlust von bis zu 30 000 US-Soldaten errechnet. Und Anthonys Raketenwerfer mußte als ein bevorzugtes irakisches Angriffsziel gelten. Es war also nur anständig von Anthony Rigg, daß er zu Kriegsbeginn die bereits existierende Lebensversicherung noch um eine zweite, in der Höhe von 50 000 Dollar, ergänzte.

Das Pentagon hatte Riggs Witwe reingelegt. Statt des Geldes erhielt sie einen Helden, dem das selige Leben im Jenseits noch vorenthalten wurde. Zu ihrem (Un-)Glück war ihr Bruder bereit, der irakischen Armee mitten im Feindesland, in Detroit, nachzuhelfen.

Anthony Rigg hatte mit Harold Mansfield aus Jacksonville in Florida und mit Tarron Dixon aus Houston dreierlei gemeinsam: Alle drei waren schwarz, haben ihren sozialen Aufstieg in der Armee gesucht und wurden in der Heimat Opfer der zivilen Gewalt. Der Soldatenjob ist nicht gerade der ungefährlichste, humanitär gesehen auch nicht der nützlichste, aber er ist in der amerikanischen Gesellschaft hochgeschätzt und man hat eine Menge getan, um Rassendiskriminierungen in der Armee zu beseitigen.

Harold Mansfield war noch ganz von den Feiern und Betstunden in Beschlag genommen, in denen Gott dafür gedankt wurde, daß er einen Schwarzkopf hat. Überdies war er von einer Schulklasse als Held adoptiert, gefeiert und mit Briefen überhäuft worden. Wie überall in den USA hingen auch in Jacksonville noch viele gelbe Bänder und Fahnen. Leuchtschriften und Plakate verkündeten: »Willkommen zu Hause. Ihr habt eine gute Arbeit gemacht. Wir sind stolz auf Euch.«

Am Parkplatz eines Einkaufszentrums wurde Harold von einem Mitglied der »Kirche des Schöpfers« angepöbelt. Diese Sekte betet und kämpft für die Vorherrschaft der weißen Rasse. Gedemütigt suchte der schwarze Soldat einen Freund auf. Mit einem Ziegelstein ausgerüstet kam er zurück. Der Weiße hieß ihn, nach Afrika abzuhauen. Harold griff zum Ziegelstein. Sein Gegner griff zum Gewehr und schoß ihn nieder.

Tarron Dixon hatte neun Monate lang am Persischen Golf bei der Marine gedient. Am 2. Juni kam er heim. Vier Tage später war er tot. Nachdem er mit Freunden in einer Bar das Wiedersehen gefeiert hatte, wurde er auf dem Heimweg erschossen, ein paar hundert Meter von seinem Elternhaus entfernt. Die Ermittlungen ergaben, daß Tarron Dixon Opfer eines Raubmordes wurde. Es fehlten eine goldene Kette, ein paar Ringe und die Geldbörse.

Die Gegend, in der Tarron und seine Brüder aufgewachsen waren, der Südosten in Houston, hatte sich in den letzten Jahren geändert. Jugendarbeitslosigkeit, Drogenhandel und Kriminalität hatten gleichzeitig Einzug gehalten. Das Viertel hatte sich zusehends dem angrenzenden Nordosten, dem traditionellen Armenhaus von Houston, angeglichen. Tarron und seine Brüder haben während des Golfkriegs viel gebetet. Deshalb, so meinte Tarron vier Tage vor seinem Tod, sei er wohlbehalten zurückgekommen. Aber vermutlich ist die Chance, daß einer aus solchen Stadtteilen zur Armee zurückkehrt, längst geringer als umgekehrt.

Wasser, oder
Gottes Gerechtigkeit

Die fünf Großen Seen in Nordamerika bilden das größte Süßwasserreservoir der Welt. Ihre Wasseroberfläche entspricht ziemlich genau der dreifachen Fläche von Österreich. Könnte man den größten von ihnen, den Lake Superior, gleichmäßig auf Österreich herabregnen lassen, würde das ganze Land 150 Meter unter Wasser stehen.

Dennoch haben sich die Großen Seen, sieht man von den Niagara-Fällen ab, keinen besonderen Ruf als Touristenattraktion oder Urlaubsgebiet erworben. Das ist darauf zurückzuführen, daß an ihren Ufern die Geburtsstätte der amerikanischen und kanadischen Schwerindustrie liegt. Das Gebiet von Detroit über Cleveland bis Buffalo und Toronto wird auch »Rostgürtel« genannt. Man darf die Bezeichnung ruhig wörtlich nehmen. Die Stadtautobahnen von Cleveland überspannen mit hohen Brücken eine surreale Rostlandschaft. Man weiß nicht, ob man von soviel Häßlichkeit entsetzt oder fasziniert sein soll. Der größte Teil wirkt wie ein eben verstorbenes Ungetüm, dem man noch nicht ganz trauen kann. Plötzlich spuckt es aus einem der vielen dunklen Löcher eine braune Wolke aus, oder auch nur einen Truck, der sich mühselig über Roststraßen und Rosthügel in zivilisiertes Gebiet vortastet.

Man könnte natürlich auch an den Badestrand flüchten, empfehlenswert ist es nicht. Erstens hat die Industrie den Badegästen nicht viel Platz gelassen und zweitens sieht auch das Wasser rostig aus.

Mittlerweile werden Anstrengungen unternommen, die Zukunft dieser gigantischen Trinkwassermenge zu sichern. Spätestens als der Erie-See brannte, konnte nicht mehr übersehen werden, daß es hier ein Problem gibt. Tatsächlich hatte der See vor einigen Jahren in der Nähe eines industriellen Abwasserkanals zu brennen begonnen. Seither wurden eine Menge Gesetze erlassen und Abkommen geschlossen. Und die Sache ist auch keineswegs hoffnungslos. Fährt man nur ein paar Meilen weg von den Industriebetrieben, ist dem Wasser die Verschmutzung kaum mehr anzumerken. Und der Fischbestand ist beträchtlich. Giftfrei sind die Fische nicht. Selbst wenn es gelänge, ab sofort jede Giftzufuhr in den See zu stoppen, könnte mit toxinfreien Fischen erst in etwa dreißig Jahren gerechnet werden. Immerhin gibt es mittlerweile ein Abkommen zwischen den USA und Kanada, demzufolge in den nächsten zehn Jahren die sechzig wichtigsten Giftstoffe auf eine Verbotsliste gesetzt werden sollen. Hoffentlich erfährt das auch die Papierindustrie.

Die Attraktivität der Gegend würde auch ohne Zutun der Politiker wachsen. Statt »Rostgürtel« wird in letzter Zeit häufig der Begriff »Wassergürtel« verwendet. Als Gegenbegriff zum ehemals so geschätzten »Sonnengürtel«, jenen nordwestlichen Teilen der USA, die seit einigen Jahren unter einem eklatanten Wassermangel leiden. Extreme Dürre gibt es in den Staaten North Dakota, Montana, Wyoming, Idaho, Kalifornien und Oregon. Aber auch in Teilen Floridas.

Hinzu kommt, daß das enorme Wachstum mancher amerikanischen Städte völlig unabhängig von der verfügbaren Wassermenge stattfand. Das Wasser für Tucson, Arizona, wird über die Rocky Mountains gepumpt und dann in ausbetonierten Kanälen durch die Steppe geleitet. Ein Gutteil des Wassers für San Diego kommt aus dem Colorado River und muß ebenfalls über Berge gepumpt werden. Und wäre das Becken von Los Angeles allein auf die Trinkwassermenge der näheren Umgebung angewiesen, könnten gerade 200000 Menschen davon leben. Es wohnen aber acht Millionen dort.

Manche Meteorologen wollen in der nun schon sechs Jahre andauernden Trockenheit keinen Zufall sehen. Sie vermuten dahinter die ersten amerikanischen Auswirkungen eines sich weltweit entwikkelnden Treibhauseffekts. Die Temperatur der Erdoberfläche wird insgesamt ansteigen. Ein Teil des Gletschereises wird schmelzen. In einigen Gegenden werden Regen- und Schneefälle stark zunehmen, andere wiederum, wie der Nordwesten der USA, werden langsam zu einer Staubwüste austrocknen. Langfristig, so die Schlüsse dieses Szenarios, wird es in den USA zu einer Völkerwanderung in das Gebiet der Großen Seen kommen. Unter der Rostschicht, die das Glück von Henry Ford hinterlassen hat, liegt Zukunftsland.

Mittlerweile zwingt die anhaltende Trockenheit zu ersten Notmaßnahmen. Der Gouverneur von Kalifornien rief die Bevölkerung auf, Opfer zu bringen und freiwillig auf die Hälfte des Wasserverbrauchs zu verzichten. In den letzten Jahren haben solche Aufrufe immer zu einer Steigerung des Wasserverbrauchs geführt. Doch diesmal ist es ernster denn je. Sollten die Gemeinden nicht in der

Lage sein, den Wasserverbrauch auf die Hälfte zu drosseln, müßte eine Art Wasserkriegsrecht verhängt werden, das es dem Staat erlauben würde, den Gemeinden eine bestimmte Wassermenge zuzuteilen, mit der sie dann durchkommen müssen.

Ein altes Gesetz, auf das die Nutznießer keinesfalls verzichten wollen, macht die Sache noch komplizierter. Wenn nämlich eine Einzelperson, eine Gemeinde oder sogar ein ganzer Staat eine Quelle bisher genutzt hat, darf er sie nach eigenem Gutdünken weiternutzen und muß nur die Restmenge an andere abgeben. Doch die Restmengen werden immer knapper. Bislang hat Kalifornien zum Beispiel von Arizona Wasser bezogen. Da auch in Arizona das Wasser weniger geworden ist, weigert sich der Staat, dem Nachbarn weiterhin davon abzutreten.

Die Süßwasserreservoirs, die entlang der gesamten kalifornischen Sierra angelegt wurden und durch Pumpsysteme miteinander verbunden sind, haben einen von Jahr zu Jahr geringeren Wasserstand. Viele Bootsstege sind im Trockenen, manche wurden mehrmals nach unten verlegt. Als ich ein paar Tage am Lake Cachuma, nördlich von Santa Barbara, verbrachte, wurde ich mit einem Kuriosum vertraut. Motorboote sind in allen Größen zugelassen, aber der Kontakt des menschlichen Körpers mit dem Wasser ist verboten. Später wurde ich über diese seltsame Maßnahme von einem Spezialisten aufgeklärt. Santa Barbara hat eine veraltete Trinkwasseraufbereitungsanlage, die nicht in der Lage ist, die menschlichen Bakterien herauszufiltern. Öl spielt hingegen keine Rolle, denn es schwimmt ja an der Oberfläche und kann leicht abgesaugt werden.

Man befürchtet die größte Wasserknappheit in der kalifornischen Geschichte. Um eine erste Hilfe für besonders betroffene Gebiete, wie den Bezirk um Monterey, zu ermöglichen, wurde ein staatlicher Wasserfonds gegründet, der dafür zuständig ist, die nasse Ware gerechter zu verteilen. Ein Aufruf an die Landwirtschaft, im Central Valley und anderen gefährdeten Gebieten wasserintensive Pflanzungen wie Reis und Baumwolle zu vermeiden, blieb bislang ohne Erfolg. Tatsächlich benötigt ja die Landwirtschaft dann am meisten Wasser, wenn es am wenigsten gibt. Achtzig Prozent des in Kalifornien verfügbaren Wassers werden von der Landwirtschaft verbraucht. Die riesigen Gemüseernten im zentralkalifornischen San Joaquin Valley sind zur Gänze abhängig vom Wasser, das aus dem Norden zugeleitet wird.

Viele Flüsse enden in einem ausgetrockneten Bett, weil ihnen zuviel Wasser entzogen wird. Das wiederum fördert zusätzlich die Austrocknung des Landes. Brände, wie der vom Oktober 1991 im Hügelland von Berkley und Oakland, bei dem 2900 Häuser zerstört und 25 Menschen getötet wurden, sind die Folge. Die rasant wachsenden Großstädte können ihren Bedarf kaum noch decken. Hinzu kommt, daß ein Kalifornier pro Tag durchschnittlich vierhundert Liter Wasser verbraucht, doppelt so viel wie ein Österreicher oder Deutscher.

Das *Time Magazin* forderte 1991 in einer Spezialausgabe über Kalifornien die Bewohner dieses Landes auf, sich von der Idee zu verabschieden, daß ein Haus nur komplett sei, wenn es einen eigenen Swimmingpool und einen üppigen Rasen habe. Gemeinsame Pools seien auch naß und ein Kaktus könne ein Haus ebenso verzieren wie Gras.

Am 5. Februar 1992 war es endlich soweit. In Südkalifornien begann es zu regnen. Doch bald wuchs sich die langersehnte Wetterlage zu einer wahren Sintflut aus, die Straßen und Häuser überflutete, Autos wegschwemmte, Murenabgänge auslöste und acht Menschen unter sich begrub. Viele Bewohner mußten mit Helikoptern geborgen werden. Im betroffenen Gebiet war die Ernte nicht bewässert, sondern weitgehend zerstört worden. Außerdem war der Regen zu weit südlich gefallen, um den nurmehr zu einem Drittel gefüllten Wasserreservoirs dienlich zu sein.

Die Wüstenstadt Las Vegas erlaubt es sich, einen der größten Wasserparks der USA zu unterhalten. Die Hotels sind nicht geizig mit Springbrunnen und künstlichen Wasserfällen. Bis 1995, schätzen Experten, kann das so weitergehen. Dann wird man auch mit viel Geld in der näheren und weiteren Umgebung kein Wasser mehr kaufen können. Um dieser absehbaren Situation vorzubeugen, hat man nicht etwa begonnen, den Wasserverbrauch der Stadt zu überdenken, sondern man hat sich ein neues Wasserbeschaffungsprojekt einfallen lassen. Man will das Grundwasser aus den wüstenhaften Regionen Zentralnevadas abpumpen. Kalifornien wehrt sich dagegen mit Händen und Füßen, weil dieses Wasser westwärts fließt und so die Grundvoraussetzung bildet für die ohnedies bereits fragile Ökologie der Vegetation in den Tälern der kalifornischen Sierra.

In Südflorida sieht die Lage nicht besser aus. Dort sind die Städte, allen voran Miami, mitten in ein Sumpfgebiet hineingebaut worden.

Strenggenommen ist es kein Sumpf, sondern ein gut hundert Kilometer breiter Fluß, der ganz langsam das Minimalgefälle vom Lake Okichopi in Mittelflorida zum Golf von Mexico hinabsickert. Alles, was es in Südflorida an Siedlungen und Straßen gibt, ist die Folge von Trockenlegungen und Eingriffen in die heikle Ökologie dieses Flusses. Das Naturschutzgebiet der Everglades wird mehr oder weniger künstlich durch ein System von Schleusen und Dämmen aufrechterhalten. Wenn die Trockenlegungen in der bisherigen Form weitergehen, wird sich Florida in eine Wüste verwandeln. Der breite Sickerfluß Everglades bewässert nämlich ein Gebiet, in dem es an sich kein Wasser gibt.

Daß in einem von Wellen umspülten Land wie Amerika Wasser eine Mangelware geworden ist, scheinen die Betroffenen bislang nicht verstehen zu können. Als vor fünf Jahren die Dürre begann, gab es ein paar Verwegene, die den Plan entwickelten, mit einer gigantischen Pipeline Wasser von den Großen Seen ins Becken des Colorado-River zu pumpen. Das Projekt, das allein mit Baukosten von zwanzig Milliarden Dollar veranschlagt war, wurde eine Zeit lang heftig diskutiert – und dann fallengelassen. Nicht nur, weil sich Kanada dagegen wehrte und die ökologischen Folgen für das Gebiet der Großen Seen nicht absehbar waren. Das Projekt war auch ökonomisch unsinnig. Da fast alle Trockengebiete gut tausend Meter höher liegen als die Großen Seen, wären riesige Pumpsysteme mit enormen Betriebskosten nötig, für den Effekt, daß die Überproduktion der amerikanischen Landwirtschaft und damit der Preisverfall weiter gesteigert würden. Auch würde eine nur geringfügige Absenkung des Wasserstands der Großen Seen in Hafenstädten wie Chicago, Detroit oder Toledo enorme Folgekosten verursachen.

Als ich mich einmal in die First Baptist Church begab und dort an einem Service, wie der Gottesdienst in psychotherapeutischer Sachlichkeit genannt wird, teilnahm, erklärte uns der vor Erleuchtung donnernde Prediger das Geheimnis von Gottes Gerechtigkeit anhand des arabisch-israelischen Konflikts. »Es ist das Wasser«, sagte er und imitierte dabei mit fuchtelnden Händen Gottes Entscheidungsgesten. »Die arabischen Staaten bekamen durch das Erdöl allen Reichtum in die Wiege gelegt. Aber er nützt ihnen nichts, denn Erdöl kann man nicht trinken. In ein paar Jahren wird ihnen das Trinkwasser ausgehen. Sie sind so aggressiv gegen Israel, weil Israel die fortgeschrittenste Technologie in der Aufbereitung von Trinkwasser hat.« Die um mich Sitzenden stöhnten auf und nickten eifrig. Ihnen schien das Geheimnis von Gottes Gerechtigkeit offenbar geworden zu sein. Mir allerdings blieb es wieder einmal verborgen.

Ohne Geld kein Wissen

Wer war Karl Marx?

Im Februar 1991, nach mehreren Wochen permanenter Berichterstattung über den Golfkrieg, führte ein Geographieprofessor von
Bowling Green einen Test durch. Im Rahmen eines Kurses, der sowohl von Anfängern als auch von Fortgeschrittenen besucht wurde,
verteilte er Blätter mit den Umrissen der Staaten des Mittleren
Ostens. Die Aufgabe bestand einfach darin, die Staaten zu benennen. Das Ergebnis: Von den 112 teilnehmenden Studenten waren
73 nicht in der Lage, wenigstens fünf der dreizehn Staaten in der
Umgebung des Irak zu identifizieren.

In einem anderen Kurs konnten zwölf von sechzehn graduate
students, also Studenten, die schon mindestens vier Jahre studiert
haben, mit dem Namen Karl Marx nichts anfangen. Eine Englisch-
Professorin erzählte mir, sie habe einen Aufsatz zum Thema Zensur
zurückbekommen, der mit der Erklärung begann, daß es dieses Problem in Amerika nicht gäbe, sondern nur in kommunistischen Staaten wie Rußland oder Japan. Als sie die Studentin fragte, wie sie auf
die Idee käme, daß Japan ein kommunistisches Land sei, bekam sie
zur Antwort, es werde doch so viel Schlechtes über Japan gesagt.

Man könnte die Liste beliebig verlängern. Manchmal sitzen Professoren zusammen und wetteifern, wer die dümmsten Studenten
hat. Solche Abendunterhaltung macht vor allem Europäern Spaß.
Der eine hat in seinem Kurs Studenten, die keine Ahnung haben,
daß es einmal zwei deutsche Staaten gegeben hat. Seine Kollegin
wiederum weiß mit verzweifelten Gesten zu berichten, daß ihre Studenten das Wort »sozial« ablehnen, weil sie es mit sozialistisch ver-
wechseln. Professoren, die solches berichten, gelten leicht als überheblich.

Tatsache ist, daß Studenten auf die Universität kommen, die
nicht in der Lage sind, einen fehlerfreien englischen Satz zu schreiben. Und solange sie nichts lesen, tun sich auch die mit sprichwört-
licher Eselsgeduld ausgestatteten amerikanischen Universitätsleh-
rer schwer, ihnen die Schreibkunst zu vermitteln.

Das Problem des amerikanischen Bildungssystems liegt in den

High Schools. Diese Art Gesamtschulen der Vierzehn- bis Achtzehnjährigen haben vor allem großartige Sportmannschaften. Was dort sonst noch gelehrt wird, habe ich nicht herausfinden können. Fremdsprachen jedenfalls nicht und Plato ist auch unbekannt. In den meisten Schulen jedenfalls. Denn manchmal gibt es erstaunliche Ausnahmen. Dazu zählen vor allem die teuren Privatschulen. Die öffentlichen Schulen leiden unter eklatantem Geldmangel.

Da die Gemeinden durch die Grundsteuer ihre Schulen selbst finanzieren müssen, ist von vornherein klar, daß in armen Gemeinden oder gar in verslumten Ghettos die Schulen hoffnungslos unterdotiert sind. Die Lehrer bekommen wesentlich weniger Gehalt, wenn es nicht ganz ausbleibt, Unterrichtsmaterialien sind nur über phantasievolle Wege aufzutreiben, ja man wäre mancherorts schon glücklich, wenn wenigstens die Glühbirnen und die Heizung funktionierten. Es gibt zwar einen nationalen Ausgleichsfonds, aber der kann nicht wirklich ausgleichen, weil er viel zu wenig Geld hat. In Oberlin wurde die miese Finanzlage der Schulen dadurch gelindert, daß sich die Bürger in einer Volksabstimmung 1990 dazu entschlossen haben, freiwillig die Grundsteuer zu erhöhen. In einer armen Nachbargemeinde, in der die Lage der Schulen wesentlich trostloser war, konnten sich die Bürger dazu nicht entschließen. Das hatte zur Folge, daß der Qualitätsunterschied in den beiden angrenzenden Schuldistrikten noch größer wurde.

Ob man die Chance hat, eine gute Schule zu besuchen, hängt einfach davon ab, wo man wohnt. Und wo man wohnt, hängt wiederum davon ab, wer man ist, oder was man geworden ist. Der ehemalige Lehrer Jonathan Kozol ist zwei Jahre lang durch die Vereinigten Staaten gereist, um Schulen zu besichtigen. Das Ergebnis seiner Recherchen hat er in dem 1991 erschienenen Buch *Savage Inequalities* zusammengefaßt. Streckenweise könnte man meinen, es sei eine Reportage über ein Entwicklungsland. Eine der Erkenntnisse seiner peniblen Recherche besteht darin, daß die vom Obersten Gerichtshof vor 38 Jahren getroffene Entscheidung, im Schulsystem die Rassentrennung aufzuheben, bis heute nicht verwirklicht wurde. Er fand im ganzen Land keine einzige Schule, in der nichtweiße und weiße Kinder in großer Zahl gemischt gewesen wären.

Besonderes Augenmerk widmete Kozol den ethnischen Ghettos. »Die Schulen«, schreibt er, »waren häufig von Schildern umgeben, die sie als DROGENFREIE ZONE auswiesen. Ihre Eingangstore waren bewacht. Manchmal patrouillierte die Polizei in den Gebäuden. Die Fenster dieser Schulen waren oft mit Stahlgittern bedeckt. Taxifahrer wehrten sich kategorisch, mich vor einige dieser Schulen zu bringen. Sie setzten mich einige Blocks vorher ab, in Grenzbezirken, über die hinauszufahren sie sich weigerten. Ich hatte die letzte halbe Meile zu Fuß zu gehen. Einmal, in der Bronx, hielt eine Frau an und sagte, ich sollte hier nicht zu Fuß unterwegs sein. Sie bestand darauf, mich mitzunehmen und brachte mich vor die Schule. (...) Es gab nur Schwarze dort, nirgendwo ein einziger weißer Mensch.«

Dabei beginnt alles sehr gut. Amerika ist ein sehr kinderfreundliches Land. Die amerikanischen Kindergärten gehören meines Erachtens nach zu den besten der westlichen Welt. Für Kinder gibt es eine Fülle von Schutzmaßnahmen und in allen öffentlichen Institutionen, Museen, Universitäten, Kirchen, Restaurants, Einkaufszentren, Parks usw. sind spezielle Einrichtungen für Kinder vorgesehen, die ihren hohen Stellenwert in der amerikanischen Gesellschaft unterstreichen. (Es ist mein Eindruck, daß auch auf Behinderte mehr Rücksicht genommen wird als in den meisten europäischen Staaten.) Was die kulturelle Vielfalt betrifft, scheint das Zusammenleben der ethnischen Minoritäten auf Kindergartenebene mehr oder weniger reibungslos zu funktionieren. Multikulturalismus wird sowohl von den pädagogischen Betreuern als auch von den Kindersendungen im Fernsehen gefördert.

Die Probleme beginnen, wenn es um die Schulbildung der Kinder, also um ihre Zukunft geht. Da Wahlfreiheit nur innerhalb eines Schuldistrikts besteht und Kinder in einem fremden Distrikt von der Gnade der Schule abhängig sind, ziehen nicht wenige amerikanische Familien nur deshalb um, damit ihre Kinder in bessere Schulen kommen. Es ist eine langjährige statistische Tatsache, daß es von den Schulanfängern eines ethnischen Vorstadtghettos pro Klasse vielleicht einmal ein oder zwei Kinder zu einem Collegeabschluß bringen werden, verglichen mit achtzig bis neunzig Prozent in den Schulen einer weißen Wohlstandsgegend. In einer Stadt wie Chicago, mit großen ethnischen Armutsvierteln, beträgt die Aussteigerquote aus den High Schools an die sechzig Prozent. Und die Schulen tun schon deshalb nichts dagegen, weil sie die Gesamtschülerzahl ohnedies nicht bewältigen könnten.

Nicht nur engagierte Liberale, wie Jonathan Kozol, kritisieren das amerikanische Schulsystem. Mittlerweile gibt es auch eine Fülle republikanischer Kritiker, die in einem Bildungswesen, das in hohem Maße auf die Nachkommenschaft der Wohlhabenden und Gebildeten ausgerichtet ist, eine Bedrohung der amerikanischen Grundstruktur des freien Unternehmertums sehen. Die Vorstellung, daß eine geistige Elite aus dem Durchsetzungsvermögen der Besten in freier Konkurrenz hervorgeht, ist natürlich bedroht, wenn ein großer Teil möglicher Intellektueller durch die sozialen Zulassungsbedingungen von dieser Konkurrenz ausgeschlossen ist. Der Grundgedanke der föderativen Schulstruktur, daß jeder Distrikt sich für eine gute Ausbildung der eigenen Kinder am verantwortlichsten fühlt, ist ad absurdum geführt, wenn die Freiheit vieler lokaler Schulbehörden nicht mehr darin besteht, regionale Prioritäten im Bildungsangebot zu setzen, sondern Prioritäten in der Ausschließung essentieller Bildungsvoraussetzungen.

Das Schulsystem ist eines der Hauptprobleme Amerikas geworden. Es ist nicht in der Lage, den gesellschaftlichen und wirtschaftlichen Bedarf an gut Ausgebildeten zu befriedigen, sondern es bringt im Gegenteil eine übergroße Anzahl von qualifikationslosen Arbeitern hervor. Noch dazu sind gerade in jenen industriellen Gegenden, in denen durch neue Technologien der Bedarf an qualifizierten Arbeitskräften enorm gestiegen ist, die Schulen oft am schlechtesten. Es müßte also auch im Interesse einer längerfristigen Absicherung der US-Ökonomie zu einer drastischen Erhöhung der Bildungsausgaben in den benachteiligten Regionen kommen. Das Problem besteht darin, daß jeder Präsident, der diesen überfälligen Finanzausgleich durchsetzte, nur die budgetären Nachteile, aber nicht den Erfolg einer solchen nationalen Anstrengung für seine Amtsperiode buchen könnte.

Aber selbst in »besseren« Gegenden leiden die öffentlichen High Schools an Geldmangel. 1991 entschlossen sie sich zu einer gemeinsamen Kampagne, um die vom Staat neuerlich verwehrten Mittel privat aufzutreiben. Doch da begannen auch die gut abgesicherten katholischen Privatschulen mit einer Finanzierungskampagne. Ihr Argument: Wenn Sie schon für schlechte öffentliche Schulen Geld ausgeben, dann können Sie es gleich in Privatschulen stecken, die sich bewährt haben! Dem Argument ist schwer zu widersprechen, christlich ist es nicht.

Ab ins College

Ein Studium dauert in Amerika gut acht bis zehn Jahre, also fast doppelt so lange wie in Europa. Das Ergebnis kann sich sehen lassen. Die ersten vier Universitätsjahre verbringen die amerikanischen Studenten in sogenannten Colleges. Sie dienen vor allem dazu, die von vielen High Schools nicht bewältigte und oft auch gar nicht für wichtig erachtete Allgemeinbildung nachzutragen. Sind schon bei den High Schools die Unterschiede gravierend, so sind sie es erst recht in den Colleges.

Es beginnt schon damit, daß es eineinhalb tausend davon gibt und daß sie völlig unterschiedliche Aufnahmekriterien haben, sowohl hinsichtlich des Niveaus der Studenten als auch hinsichtlich des Niveaus der Brieftaschen ihrer Eltern. Leider sind die beiden Faktoren auf unglückselige Weise miteinander verknüpft: Die teuren Colleges und Universitäten sind meistens die besseren. Die Studiengebühren für ein billiges College betragen rund 5000,– Dollar im Jahr, für ein teures muß man gut 20000,– pro Jahr hinblättern.

Im Oberlin College, zum Beispiel, einem teuren Privatcollege, in dem ich 1989 und 1990 jeweils ein Semester war, habe ich die oben beschriebenen Bildungslücken nicht feststellen können und auch keine vergleichbaren Geschichten gehört. Oberlin ist ein sogenanntes Liberal Arts College. Es gibt keine strikte Trennung zwischen Künsten, Natur- und Geisteswissenschaften. Das ist so, wie wenn man bei uns die Human- und Geisteswissenschaften mit der Wirtschaftsuniversität, der Musikhochschule, der Technischen Universität und der Akademie der Bildenden Künste in eins vermanschen würde. Ich bin mittlerweile dafür, es zu tun.

Die Studenten müssen sich nicht schon am Beginn des Studiums entscheiden, in welchem Fach sie später einmal dissertieren werden. Sie können in Ruhe die unterschiedlichsten Interessen erproben. Es gibt kaum Studienabbrecher. Kombinationen wie Musik-Medizin, Malerei-Mathematik, Tanz-Ökologie sind nichts Außergewöhnliches. Und wenn einer in Oberlin eine Studentenzeitung gründet, oder eine Rockband, so wird ihm das für ein Studium, das er letztlich als Neuropsychologe abschließt, angerechnet.

Während man bei uns die Spezialisierung immer weiter in die Kindheit vorverlegt, wird am privaten Oberlin College darüber nachgedacht, wie man zum Beispiel einen einundzwanzigjährigen

Astronomiestudenten am besten dazu motiviert, Kurse in Women Studies, Black Studies oder Indian History zu belegen. Kenntnis des Fremden und Selbständigkeit, so meint man in allen guten Liberal Arts Colleges, sind zwei Qualitäten, die einander bedingen. Viele hätten es gerne beim Kennenlernen belassen. Die Reformer hingegen meinen, es müsse in den Bildungsprogrammen einer multikulturellen Gesellschaft um mehr gehen, als nur darum, Verständnis zu wecken, daß es andere auch noch gibt. Doch darüber später.

Das College ist eine Neuorientierungsanstalt. Erstmals sind die jungen Menschen den Lebensvorstellungen des Elternhauses entzogen und mit einer Fülle neuer Perspektiven konfrontiert. Nicht nur mit Lernmöglichkeiten und Berufsperspektiven, sondern auch mit neuen Weisen zu leben, zu fühlen und die Welt zu betrachten. Was vor allem erzeugt werden soll, ist eine intellektuelle Neugier. Und im großen und ganzen wird sie auch erreicht. Jedenfalls besser als in den europäischen Massenuniversitäten.

Das Campusleben ist ein besonders intensiver Lebensabschnitt. Studenten unterschiedlichster Herkunft und Interessen arbeiten, essen und feiern zusammen. Viele der Freundschaften, die sie hier knüpfen, dauern ein Leben lang an. Die ehemaligen Studenten bleiben mit dem College in Kontakt, fahren regelmäßig zu Alumnitreffen und überweisen regelmäßig Geld an ihr College. In Oberlin etwa decken die hohen Studiengebühren nur zwanzig Prozent des Collegebudgets. Der Rest wird gespendet, meist von ehemaligen Studenten, von Alumni. Für den Abgänger eines Privatcolleges, der einen guten Job bekommen hat, ist es eine Ehrensache, einen Teil seines Verdienstes an das College, das ihn ausgebildet hat, zurückzuzahlen. Sei es, indem er direkt an das College spendet, oder sei es, indem er in den Stipendienfonds einzahlt und so ärmeren Studenten das Studium ermöglicht.

Die Studenten in den kleinen Privatcolleges sind gegenüber ihren Kolleginnen und Kollegen in den meist viel größeren staatlichen Colleges in mehrfacher Hinsicht bevorzugt. Sie werden umfassender betreut, die Privatcolleges sind besser ausgestattet, das Niveau ist aufgrund einer leistungsbezogenen Auslese höher und der Grundgedanke der Liberal-Arts-Erziehung, eine Herausforderung zur Selbständigkeit zu bilden, wird bei den Privaten viel ernster genommen. In den staatlichen Colleges werden vor allem die ärmeren Studenten, die auf staatliche Stipendien angewiesen sind, in einen derartigen Leistungsstreß versetzt, daß von freier Orientierung keine Rede mehr sein kann. Um sich ihr Studium finanzieren zu können, müssen sie am Campus arbeiten (in der Küche, in der Bibliothek oder wo auch immer) und nebenbei derart viele Kurse absolvieren, daß ihnen keinerlei Zeit bleibt, sich in Ruhe mit deren Inhalten auseinanderzusetzen und sich auch sonst in Kunst, Sport und Unterhaltung umzusehen. Das Ergebnis ist dasselbe wie in Europa: Man kann nicht davon ausgehen, daß diejenigen, die in einem Kurs sitzen, sich wirklich dafür interessieren. Bei den guten Privatcolleges jedoch kann man damit rechnen, und das macht sie für alle Seiten so attraktiv.

Eine meiner erstaunlichsten Erfahrungen in Oberlin war, daß die Studenten sich keine Note schenken lassen wollten. Bei schriftlichen Tests ist es den Professoren nicht erlaubt, in der Klasse zu bleiben. Dennoch wird nicht geschummelt. Wenn ich bei der Korrektur ihrer Tests Fehler übersehen hatte, kamen die Studenten zu mir, um sich die Note herabsetzen zu lassen.

Am Semesterende werden die Professoren von den Studenten beurteilt. Und dabei ist schon so mancher Professor durchgefallen. Sein Vertrag wurde einfach nicht mehr verlängert. Je teurer das College, desto größer ist die Bedeutung dieser Studentenurteile. Wer viel Geld zahlt, stellt den Anspruch auf gute Ware. Während in den Privatcolleges alles unternommen wird, um die Studenten bis zur Graduierung zu bringen, und wenn es die Professoren noch soviel Freizeit kostet, wird in unterdotierten Gemeinde- oder Staatscolleges offensichtlich alles unternommen, um den Studienabbruch zu fördern. An den Gemeinde-Colleges der Stadt Chicago, zum Beispiel, bringt es nur ein Siebentel der Studenten zu einem Abschluß.

Die wilde Woche

Auch die Bildungswut der Privatcolleges hat ihre Grenzen. Um Ostern herum gibt es eine Woche »Spring Break«, Semesterferien. Die Tage bis dorthin werden gezählt, als wären sie nach langer Zeit im Gefängnis das langersehnte Tor zur Freiheit. Und in gewisser Weise ist es auch so. Der Weg zur Freiheit kostet ein paar hundert Dollar. Er wird von Reiseagenturen vermittelt.

Eine Million Studenten fallen wie Heuschreckenschwärme in Florida ein, um dort vor allem zwei Orte zu besetzen. Die Höhersemestrigen zieht es nach Fort Lauderdale, die jungen Studenten begnügen sich mit dem nördlicher gelegenen Daytona. Aber ein Wunsch verbindet sie alle, nämlich ausführlich dem zu frönen, was Gesetz und puritanische Moral verbieten: Alkohol und Sex.

Sie werden sich einen Rausch ansaufen, bis sie lallen und sie werden sich besoffen im Bett wälzen. Am nächsten Tag werden sie mit Kopfschmerzen am Strand liegen, fast food in sich hineinstopfen und Dosen nachschütten. Sollte der Geschlechtspartner der vorigen Nacht aus einer besonders puritanischen Familie stammen, zum Beispiel aus Georgia, wo Cunnilingus und Fellatio gesetzlich verboten sind, dann mag das Herumhängen am Strand der geeignete Zeitpunkt sein, zu erklären, daß dieser einen Nacht nicht unbedingt eine Hochzeit folgen müsse. Oft wird es der Einfachheit halber so gehandhabt, daß sich die Liebespartner am Morgen einfach nicht mehr ansehen. Aber dann ist der Sonnenbrand ohnehin nicht mehr auszuhalten und die Studenten schwärmen in die Hotels zurück, organisieren die nächste Party, tanzen, saufen und sehen sich um.

In Daytona geht es gemäßigter zu als in Fort Lauderdale, denn in Daytona sind es für viele Studenten die ersten sexuellen Erfahrungen oder die ersten Vollräusche. In Fort Lauderdale sind die Feste exzentrischer, die Frustrationen auch. Es gibt nämlich ein paar Probleme.

Das Hauptproblem: Die sündige Woche lockt fünfmal mehr Burschen als Mädchen an. Das hat zur Folge, daß sich viele Studenten statt dem anderen Geschlecht dem Randalieren zuwenden. Bierflaschenschießen, Straßenschilderbiegen, Hotelzimmerdemolieren sind nur eine kleine Auswahl von Vergnügungen. Die Hotels haben für diese Woche Spezialversicherungen abgeschlossen. Die Verwüstung der Zimmer, mit der besonders bei schlechtem Wetter zu rechnen ist, wird einkalkuliert. Sie ist das Geld wert, denn immerhin haben die Studenten zusammen eine halbe Milliarde Dollar bei sich. Manchmal gibt es auch regelrechte Straßenschlachten mit der Polizei, bei denen es um nichts anderes geht als um die ohnedies von vornherein feststehende Entscheidung, wer der Stärkere ist.

Natürlich ist auch die Polizei für Spring Break gerüstet. In den beiden Städten werden Polizisten aus ganz Florida zusammengezogen, andere stehen auf Abruf bereit. Um schneller durch den Verkehr zu kommen, sind sie vornehmlich mit Motorrädern unterwegs. Die Strände werden von berittenen Einheiten überwacht. Am Ende dieser Woche werden ein paar hundert Studenten verhaftet sein. Einige wegen unordentlichen Benehmens. Weil sie zum Beispiel auf der vergeblichen Suche nach öffentlichen Toiletten hinter einen Baum gepinkelt haben. Viele wegen Alkoholmißbrauchs. Denn natürlich darf auch in Florida unter 21 kein Alkohol getrunken werden. Bloß kann die Polizei nicht eine Million Studenten verhaften. So begnügt sie sich mit einer Auswahl derjenigen, die der Rausch ins Freie hinaustreibt. Um eine Verhaftung zu provozieren, reicht es übrigens vollkommen aus, sich beim Spazierengehen oder am Strand einen Schluck zu genehmigen. Da muß man gar nicht unter 21 sein. Freilich werden auch einige Studenten betrunken verunglücken, bei Verkehrsunfällen, beim nächtlichen Schwimmen oder bei einem Sturz vom Balkon des 27. Stocks.

Am Ostersonntag kehren die meisten in ihre Universitäten und Colleges zurück. Die Mädchen tauschen den Bikini für ein Jahr wieder gegen den Badeanzug aus, die Burschen (in Bowling Green zum Beispiel) nehmen die Aufschrift auf der Toilettentür, daß man sich dahinter gesetzeskonform zu benehmen habe, wieder ohne Murren zur Kenntnis und halten sich auch im großen und ganzen wieder an die Alkoholgesetze. Der einwöchige Karneval ist zu Ende. Der Ernst des Bildungsgeschäfts kann wieder beginnen.

Einer dieser Studenten, er könnte Chris Dawson heißen, erklärte uns nach Spring Break 1991 in den *BG-News*, der Stadtzeitung von Bowling Green, wie wichtig die Zensur sei. Sie widerspreche nicht der Verfassung, sondern sie diene dazu, die Verfassung und die Freiheit zu schützen. »In Kriegszeiten«, schrieb er, gäbe es ein »Recht, nicht zu wissen«. Manche Studenten haben so was Rührendes.

Die Nachtstudierer

Es ist nicht nur üblich, sondern auch empfehlenswert, nach dem College den Studienort zu wechseln. Vor allem dann, wenn man auf niedrigem Niveau angefangen hat – einfach um die Last der Vergangenheit loszuwerden. Man bewirbt sich bei einer Universität um die

Teilnahme an einem Masters-Programm. Nicht jede Universität bietet jedes Graduate-Programm an. Der Bewerber führt seinen Bildungsgang durch das College an und alle damit verbundenen Aktivitäten. Je mehr Selbständigkeit das Curriculum zu suggerieren vermag, desto günstiger. Von einem graduate Studenten erwartet man nämlich vor allem die Fähigkeit zu selbständiger Arbeit.

Jetzt erst kommt die Zeit der wirklichen Spezialisierung, die sich in den letzten beiden Collegejahren sozusagen erst angedeutet hat. Im College hat man geistig arbeiten gelernt, und jetzt kann die Arbeit beginnen. Hat man den Master-Titel erlangt, kann man sich um ein Doktoratsprogramm bewerben. Auch dafür wird oft die Universität gewechselt.

In amerikanischen Universitäten, selbst in den finanzschwachen Staatsuniversitäten, finden die Studenten bessere Bedingungen vor, werden intensiver betreut und viel näher an die spätere Berufspraxis herangeführt als in Europa. Die Bibliotheken sind meist hervorragend ausgestattet und unbürokratisch zu benutzen.

Ich habe es noch deutlich vor mir, wie es war, wenn ich in Wien dringend ein Buch brauchte, aber an der Universitätsbibliothek gerade die Buchausgabezeiten versäumt hatte. Oder wenn ich mich eine halbe Stunde anstellen mußte und dabei eine wichtige Vorlesung verpaßte. Oder wenn am Abend der große Lesesaal geräumt wurde. Sperrstund, basta! Und morgen ist Sonntag, da haben wir geschlossen! Und wenn man Pech hatte, war am Montag erster Mai – da konnte man nicht einmal Marx ausborgen.

In amerikanischen Universitäten bekommt man die Bücher sofort, meist holt man sie selbst aus dem Regal. Selbstverständlich gibt es Kojen, in die man sich zu ungestörter Arbeit zurückziehen kann. Und selbstverständlich gibt es so viele Computer, daß jeder Student jederzeit einen zur Verfügung hat. Wer, so wie ich, Mitternacht bis vier Uhr früh für eine ideale Arbeitszeit hält, wird selten ein Hindernis vorfinden. Denn meistens sind Bibliotheken und Computerräume rund um die Uhr geöffnet.

Viele Doktoratsstudenten (graduates) unterrichten in den Kursen des Collegeniveaus (undergraduates). Sie beziehen einen meist sehr niedrigen Lohn, müssen aber keine Studiengebühren bezahlen. Dieses System ist nicht frei von Ausbeutung, wird aber als eine Art intellektuelle Handwerkslehre gesehen. Lehrlinge werden ja allgemein ausgebeutet. Auch wenn sie die gleichen Arbeiten wie der Meister verrichten. Das garantiert den besten Weg zur eigenen Meister-schaft. Schon der Student sammelt Berufserfahrung.

Die graduates sind ein Bindeglied zwischen zwei in Europa nach wie vor meilenweit voneinander getrennten Welten: der Welt der Studenten und der Welt der Professoren. Sie gehören beiden an und sorgen so für einen fließenden Übergang zwischen Lernenden und Lehrenden. Ein so enger und ungezwungener Umgang, wie er in den USA zwischen Studenten und Professoren besteht, war mir bis dahin unvorstellbar gewesen. Daraus ergibt sich eine viel inten-sivere individuelle Betreuung und letztlich auch eine bessere Aus-bildung.

Werden in Österreich die Professoren vor allem von der Bürokra-tie in Atem gehalten, was mit dem Zentralismus im Bildungssystem zusammenhängt, sind amerikanische Professoren ständig gezwun-gen, sich zu profilieren. Einerseits als Forscher gegenüber den Kol-legen, andererseits als Lehrer gegenüber den Studenten, deren Ur-teil mitentscheidend ist, ob sie einen Lebensvertrag bekommen, auf den sie häufig zehn bis fünfzehn Jahre warten müssen. Wer den Er-wartungen nicht entspricht, wird gnadenlos ausgewechselt. Um eine offene Professorenstelle an einer guten Universität bewerben sich an die tausend Kandidaten.

Amerikanische Universitäten sind weltoffener als europäische. Alles kann ein Thema von Lehre und Forschung werden. Eis-hockeyspieler haben auf den Universitäten ebenso ihren Platz wie Landwirte, Maler oder Schauspieler. Leider auch Soldaten. Man kann auch Militärwissenschaft studieren. Universitäten sind nicht einfach Lehranstalten, sondern sie sind gleichzeitig Kulturzentren. In vielen Regionen der USA sind es weithin die einzigen Kulturzen-tren. In Universitäten wird nicht nur etwas vermittelt, sondern in Universitäten wird gelebt. Es wäre vollkommen unvorstellbar, Lite-ratur zu unterrichten, ohne diejenigen, die Literatur verfassen, her-anzuziehen. Alle amerikanischen Autoren, die ich kennengelernt habe, arbeiten im Nebenjob an Universitäten. Sie unterrichten kreativen Umgang mit der Sprache, und sie sind mit der Diskussion und Vermittlung von Gegenwartsliteratur befaßt. Die Universität braucht sie. Ich und viele andere deutschsprachige Autoren haben von dieser Einstellung profitiert. Denn selbst bei den Fremdspra-chen legt man größeren Wert auf die Einbindung von Schriftstellern.

Die Bärenuni

Will eine europäische Stadt als bedeutend gelten, muß sie sich eine Universität halten. Sie mag noch so viele Fußgängerzonen anlegen, ohne Universität wird sie den Geruch eines Provinznestes nicht abstreifen können. Eine Universität wiederum mag noch so hervorragende Wissenschaftler beschäftigen, ohne Stadtkultur wird sie an Attraktivität einbüßen. Wer will schon in St. Pölten studieren. Universität und Stadt gehören zusammen.

Nicht so in den USA. Hier ist es durchaus sinnvoll zu fragen, ob es in der Nähe der Universität auch eine Stadt gibt. Städtische Kultur und Universitätskultur sind zweierlei. Viele große Städte scheinen nicht den geringsten Wert darauf zu legen, eine frustrierte, intellektuelle Minderheit mit künstlerischen und kulturellen Herausforderungen zu bedienen. Die Universitäten wiederum neigen dazu, sich von den Städten abzusondern und eine eigene Welt zu bilden.

Ein schönes Beispiel ist State College in Pennsylvania. Bei der Standortwahl für die Staatsuniversität ließ man Städte wie Pittsburgh einfach links liegen. Statt dessen wurde ein Geograph beauftragt, die Mitte des Staates zu errechnen. Sie liegt in den dichten Wäldern der Appalachen. Mittlerweile leben dort 35 000 Studenten. Ebenso viele Universitätsangestellte und – als Endabnehmer der Studiengebühren – Geschäftsleute aller Art.

Um möglichst wenig für Bildung ausgeben zu müssen, hat der Staat die Universität zum größten Grundbesitzer weit und breit gemacht. Egal in welchem Wald man spazieren geht, in welchem See man badet, mit welchem Boot man fährt oder auf welchem Picknickplatz man sein Steak grillt, in dieser Gegend gehört alles der Universität. Selbst bei den Bauern muß man darauf gefaßt sein, daß sie in Wirklichkeit Studenten oder Wissenschaftler auf landwirtschaftlichen Versuchsanstalten sind.

In den Wäldern gibt es da und dort Häuschen, manchmal auch kleine Dörfer, deren Bewohner seit alters her davon leben, das Wild abzuknallen. Einmal im Jahr sind die Bären zum Abschuß freigegeben. Am Tag darauf leben siebenhundert Bären weniger. Sind die Männer nicht gerade mit dem Gewehr unterwegs, sitzen sie vor dem Fernseher. Davon oder von den gebratenen Bärentatzen sind sie recht üppig geworden.

An Samstagen kann die Knallerei unerträglich werden, denn

dann schießen auch noch die Studenten, die sich als Reservisten bei der Armee ihr Studium verdienen. Ein dichter, gebirgiger Waldgürtel trennt dieses merkwürdige Universitätsgeschehen von der Außenwelt ab.

Aber nur räumlich. Denn sucht man beispielsweise einen Spezialisten für das entlegenste Gebiet, sagen wir für Barockaltäre in der Buckligen Welt, in einer solchen Universität hinter den sieben Bergen bei den fernsehsüchtigen Bärenjägern wird man ihn finden.

Die Kunst des politisch korrekten Denkens

Als ich 1990 eine Gastprofessur am Oberlin College wahrnahm, schien es mir bald, als habe sich die Atmosphäre gegenüber meinem ersten Aufenthalt eineinhalb Jahre zuvor deutlich verändert. Ich bemerkte einen mehr oder weniger deutlichen Bruch quer durch das akademische Gremium. Auf Anschlagebrettern tauchten immer wieder Zeitungsartikel auf, die gegen die neueren Entwicklungen des Bildungssystems zu Felde zogen. Bei diesen Artikeln war mir, im Unterschied zu anderen Anschlägen, nie klar, wer sie zu welchem Zweck angebracht hatte. Als ich mich für die Sache zu interessieren begann, fand ich mich unversehens in einem nationalen Streit wieder, der an anderen Colleges und Universitäten viel heftiger ausgetragen wurde und Oberlin eigentlich nur am Rande berührte.

Die postmodernistische Geisteslage, die in den USA unter dem Begriff des Dekonstruktivismus ins akademische Gespräch gebracht wurde, ließ das Gesellschaftsmodell fensterloser Monaden auch an den Universitäten feierlichen Einzug halten. Feierlich deshalb, weil es mit dem Pathos der Fortschrittlichkeit verbunden war. Im Unterschied etwa zu Frankreich, wo in den sechziger und siebziger Jahren das etablierte geistige Leben linksorientiert war, gruppiert etwa um ein Monument wie Sartre, und wo daher die postmodernistische Infragestellung der neuen Aufklärungsdogmen vor allem von politisch rechtsorientierten Intellektuellen forciert wurde, war es in Amerika gerade umgekehrt. Dekonstruktion war von vorneherein Angelegenheit der linksliberalen Universitätsintelligenz. Es galt, das konservative Bildungsmonopol zu brechen.

Im Grunde genommen war es eine Reformbewegung, die sich seit

135

den späten sechziger Jahren stetig weiterentwickelt hat und erst in den achtziger Jahren, unter Reagans Präsidentschaft, auf ernsthaften Widerstand stieß. In das akademische Leben war der Unternehmergeist eingezogen. Die Zahl der Universitäten, die Ausbildungsprogramme für Unternehmer anboten, hatte sich in den achtziger Jahren verdoppelt. Weniger die Liebe zur Ökonomie als vielmehr die Hoffnung auf das große Geld bewirkte, daß an solchen Universitäten gut zwanzig Prozent der Studenten sich in die Unternehmerausbildung inskribierten.

Es war die Zeit, in der Großkapitalisten eine seit den zwanziger Jahren nicht gekannte Popularität erreichten und gleich vier von ihnen, nämlich Lee Iacocca, Ross Perot, Donald Trump und William Farley als Alternativkandidaten für George Bush ins Gespräch gebracht wurden. In Hunderten von Büchern wurden erfolgreiche Zeitgenossen gefeiert, die Zeitungen und Zeitschriften waren voll von Karrieregeschichten. Es gab Universitäten, an denen am frühen Nachmittag bestimmter Wochentage keine Vorlesungen angesetzt werden konnten, weil zu dieser Zeit die Fernsehserien *Dallas, Dynasty* und *Falcon Crest* liefen und die Studenten ausblieben. Die neue Bewunderung für die Geldelite schien vom Studium nichts anderes zu erwarten, als möglichst schnell in diesen neuen Himmel hinaufkatapultiert zu werden. Die akademische Ausbildung sollte sich mit Hilfe traditioneller westlicher Bildungswerte zu individuellen Erfolgsstories verdichten. Je stärker dieses Elitedenken sich breit machte und politisch gefördert wurde, desto vehementer beharrten die Reformer darauf, daß Bildung die gesamtgesellschaftliche Situation zu reflektieren und sich besonders der Schattenseiten dieser Entwicklung anzunehmen habe.

Zunächst ging es nur um die Aufhebung von Klassen- und Rassenschranken, nicht nur im Leben auf dem Campus, auch im akademischen Diskurs. In einer multikulturellen Gesellschaft sollten auch alle Kulturen und Paradigmen der Geschichts- und Weltbetrachtung zugelassen werden. An diesem Kampf um neue akademische Ausdrucks- und Interpretationsformen hatte die Frauenbewegung einen besonders wichtigen Anteil. Eine Zeitlang schien es, als ob alle jungen Akademikerinnen nur noch über Frauenthemen arbeiten würden. Doch darüber hinaus sollten alle unterdrückten Gruppen der Gesellschaft an den Universitäten ihren eigenen intellektuellen Diskurs entfalten können.

Im nächsten Schritt ging es darum, daß die neuen Themen und Sichtweisen nicht nur im Sinne einer Bereicherung des Angebots zugelassen werden, sondern daß ihnen auch eine entsprechende Anteilsquote im Curriculum gesichert wird. Dies bedeutete freilich ein gründliches Aufräumen mit dem alten, humanistischen Bildungsanspruch, der Wissen als ein potentielles Gemeinschaftsgut ausgab, als eine gemeinsame Wahrheit, über die zumindest ideell ein Konsens möglich ist. Dieser Bildungskanon wurde von den Minoritäten in Frage gestellt. Manche gingen so weit zu behaupten, man könne auf das Herrschaftswissen der weißen, europäischen Unterdrücker getrost verzichten. Kann man gebildet sein, ohne jemals etwas von Platon gehört zu haben, oder von Shakespeare, oder von Freud?

Konservative Intellektuelle prophezeiten, die Relativierung des Wahrheitsanspruchs führe über kurz oder lang zurück in den Analphabetismus. Allan Bloom sorgte sich 1987 in seinem erfolgreichen Buch *The Closing of the American Mind* um das Schicksal der Zivilisation. Schon jetzt seien die Universitäten zwar in der Lage, Atome zu spalten, Medikamente gegen die schrecklichsten Krankheiten zu entwickeln und Wörterbücher vergessener Sprachen anzulegen, aber sie seien nicht mehr fähig, das bescheidenste Programm einer Allgemeinbildung für undergraduates zu erstellen. Bald werde kein Mensch mehr sagen können, »was zivilisiert meint, da ja behauptet wird, daß es viele Zivilisationen gibt, die alle gleich sind«. Die Sozialwissenschaften seien hoffnungslos zersplittert, und es sei ihnen nicht mehr zuzumuten, eine Antwort auf die sokratische Frage, wie man leben solle, auch nur zu suchen. Die vergleichende Literaturwissenschaft wiederum, so Bloom, sei weitgehend in die Hände einer Professorengruppe gefallen, die unter dem Einfluß von Pariser Heideggerianern stehe. Der Kreativität des Interpreten werde der Text geopfert und die Realität, auf die er sich bezieht. Wenn man die Suche nach einer gemeinsamen Wahrheit aufgebe, die sich in einer gemeinsamen Vorstellung von Allgemeinbildung manifestiere, gebe man letztlich das Projekt einer »wirklichen Menschengemeinschaft« auf.

Bloom war nicht der einzige, der gegen die geistige Offenheit der Universitäten polemisierte, die sich dabei ihrer traditionellen Bildungsaufgabe immer mehr verschließen würden. (Nebenbei wetterte er auch noch gegen zu frühen Sex und gegen Mick Jagger, in dem er den Verblödungsguru par excellence zu erkennen meinte.)

Er goß damit Wasser auf die Mühlen einer schon längere Zeit andauernden konservativen politischen Kampagne gegen neue Lehrmethoden an High Schools und Universitäten. Einer der lautesten Kritiker war Blooms persönlicher Freund, der Republikaner William A. Bennett. Er war unter Reagan Unterrichtsminister. Als solcher trachtete er, der allgemeinen Bildungsmisere mit alten Rezepten entgegenzuwirken, mit Drill, Auswendiglernen und Wiedereinführung des Schulgebets.

In diesem Zusammenhang war auch das Buch *Cultural Literacy* von Bedeutung, das ebenfalls 1987 erschien und für das eingeklagte Manko eines fehlenden Bildungskanons eine verblüffend einfache Lösung anbot. Der Autor E. D. Hirsch stellte in diesem Buch eine Liste von fünftausend Stichwörtern zusammen, von Namen, Daten, Fakten und Orten, die jedem westlich gebildeten Menschen etwas sagen sollten. Gebildet ist, wer die Zusammenhänge dieser fünftausend Stichwörter gepaukt hat. Rigoros wandte sich Hirsch gegen John Deweys populär gewordenes Konzept der Förderung von individuellen Begabungen und Interessen, weil dadurch die Allgemeinverbindlichkeit von Bildungsinhalten verlorengehe.

Spätestens zum Zeitpunkt dieser Auseinandersetzungen wurden die avanciertesten (und zumeist renommiertesten) Universitäten zu geistigen Kampfstätten zwischen den Verfechtern traditioneller Bildungsinhalte und jenen immer zahlreicher werdenden Professoren und Studenten, die darin nichts als den Versuch sahen, die Vorherrschaft des »weißen männlichen Denkens« aufrechtzuerhalten. Die Proponenten einer multikulturellen Identität waren darauf aus, jedes Vokabular, das Frauen und Minoritäten diskriminiert, aus dem akademischen Sprachgebrauch zu tilgen. Sie verlangten Sanktionen für rassistisches Verhalten. Je erfolgreicher sie in diesen Bestrebungen waren und je mehr die Universitäten Minoritäten zu fördern, Stigmatisierungen hintanzuhalten und Diskriminierungen zu ahnden begannen, um so stärker formierte sich auf der anderen Seite der Widerstand der Traditionalisten. Sie witterten Zensur und eine neue Diktatur des »politisch korrekten Denkens«. Sie verwendeten dafür die Abkürzung PC (Political Correct), die sich innerhalb kürzester Zeit von ihrer bisherigen Bedeutung (Personal Computer) verabschiedete und zum Sammelbegriff für den neuen Feind wurde.

Die Konservativen begannen die amerikanische Presse zu mobilisieren. Es gab zur Jahreswende 1990/91 praktisch kein anspruchsvolles Blatt, das sich dieser Thematik verschlossen hätte. Man sah die westliche Zivilisation in Gefahr. Roger Kimball, der Autor des Buches *Tenured Radicals*, behauptete in der *New York Times*, daß sich in der Verkleidung von Pluralismus und Pressefreiheit ein liberaler Faschismus ausbreite. Sein Kollege D'Souzas spürte in seinem Buch *Illiberal Education* das historische Vorbild für die Methoden der Multikulturalismus-Bewegung gar in der heiligen Inquisition auf. Das *Wall Street Journal* rief am 13. November 1990 zum »akademischen Widerstand« auf. Dorothy Rabinowitz war angetreten, den PC-ismus zu bekämpfen, der sich ihrer Ansicht nach zur stärksten Bedrohung der Freiheit der akademischen Lehre ausgewachsen habe. Sie zitierte einen Verwaltungsbeamten der renommierten Duke Universität mit den Worten, daß viele Professoren gar nicht mehr daran interessiert seien, zu unterrichten. Ihre wahre Ambition bestünde darin, den Unterdrückten zur Macht zu verhelfen. Wer vom politisch korrekten Denken über Frauen- und Minoritätenfragen abweiche, müsse mittlerweile einen hohen Preis dafür zahlen. Dieser könne nicht nur Drohungen, Vandalismus, Sitzstreiks und Schreiausbrüche beinhalten, sondern auch Anklage wegen Rassismus und Sexismus sowie administrative Strafen.

Tatsächlich wurden von den Studentenzeitungen vor allem liberaler Universitäten innerhalb weniger Monate neue Sprachregelungen in Umlauf gebracht. Darüber hinaus wurden regelrechte Wörterbücher des politisch richtigen Sprechens erstellt, die rassistische oder sexistische Begriffe und Redewendungen anprangerten und durch neue Vorschläge ersetzten. Der Harvard-Historiker Stephen Thernstrom hatte sie offenbar nicht genau studiert. Als er in einer Vorlesung den Begriff »Indianer« verwendete, stieß er auf heftige Kritik. Die richtige, vom Columbus-Mythos entledigte Bezeichnung lautet nämlich »Native Americans«. In einem von der österreichischen Zeitung *Der Standard* wiedergegebenen Kommentar sagte Thernstrom: »Diese Situation ist schlimmer als der alte McCarthyismus, der keinerlei Unterstützung in der Universität fand. Heute steht der Feind in unseren Reihen.«

Noch komplizierter war es, die Nachfahren der aus Afrika verschleppten Sklaven zu benennen. Ursprünglich wurden sie selbst von Multikulturalisten als Schwarze bezeichnet. Unter diesem Begriff wurde zum Beispiel das Studienfach »Black Studies« gegründet. Doch bald bemerkte man, daß sich »schwarz«, noch dazu auf sehr ungenaue Weise, auf ein äußeres Merkmal bezog und deshalb rassistisch war. Da sagte man eine Zeit lang Afroamerikaner. Bis das »Afro« durch Kombinationen wie »Afro-Look« erneut als rassistisch in Mißkredit geriet. Die richtige Bezeichnung lautet momentan »African Americans«.

Die Englisch-Professorin Felicia Bonaparte von der City Universität in New York meinte, sie fühle sich durch die »politisch Korrekten« an die fünfziger Jahre erinnert, an McCarthys Komitee gegen antiamerikanische Umtriebe. Heute gebe es ein Komitee gegen amerikanische Umtriebe. Menschen und Ideen, die für Amerika und für den Westen eintreten, würden nunmehr behandelt, als wären sie ein subversives Übel.

Selbst das kleine Städtchen Oberlin, wo es eine traditionelle Hellhörigkeit gegenüber Rassendiskriminierungen gibt und wo Minoritätenförderung gleichsam zum Prestige des Colleges gehört, wurde aus dem akademischen Alltagstrott gerissen und in helle Aufregung versetzt. Wie umfassend, so fragte man, sollen sich künftig alle Studenten mit Frauen- und Minoritätenproblemen zu beschäftigen haben und welche Kurse sind in den neuen Katalog für kulturelle Vielfalt aufzunehmen? Fakultätssitzungen, die gewöhnlich zum Langweiligsten und Unproduktivsten gehören, das sich denken läßt, wurden bei diesen Fragen mit sichtlichem Leben erfüllt. Selbst die Deutsch-Professoren entdeckten, daß sich ihre Kurse eigentlich immer schon mit Problemen von Minoritäten beschäftigt haben und deshalb in die Liste der kulturellen Vielfalt aufgenommen werden müßten. Wie sollte man einen Kurs über Joseph Roth, oder über Schweizer Gegenwartsliteratur, oder über österreichische Dialektdichtung sonst einstufen? Zu westlich, antworteten die anderen. Aber Joseph Roth war doch galizischer Jude, konterten die Germanisten.

Die Zeitungen begannen, genüßlich die absurdesten Beispiele von Förderungen oder Sanktionen zu zitieren. Bei einem Match der Footballmannschaften von Stanford und Oregon hatte sich die Marschkapelle von Stanford über Oregons Kampagne zur Rettung einer bestimmten Eulenart lustig gemacht. Ein Universitätsbeamter von Stanford erkannte darin einen deutlichen Angriff gegen das Umweltbewußtsein einer gesellschaftlichen Minorität und entschied, daß die Band für das nächste Match zu sperren sei.

Tatsächlich gab es bald kaum mehr jemanden, der nicht stöhnte.

Das begann schon mit den Förderungen von Minoritäten und Benachteiligten. Die einen klagten, weil sie sich ebenfalls als Benachteiligte fühlten und zu wenig gefördert würden, die anderen, weil sie sich durch die Förderungen in ihrer Arbeit eingeschränkt sahen. Eine Englisch-Professorin, die einen obligatorischen Erstsemestrigenkurs an einer Staatsuniversität unterrichtet, verzweifelte darüber, daß immer mehr Studenten mit Zertifikaten der Servicestelle für Benachteiligte kamen. Die Professoren sind zu besonderer Rücksicht gegenüber den Schwächen dieser Studenten verpflichtet. Einer bekam ein solches Zertifikat, weil er der Kunst des schnellen Lesens nicht mächtig ist, ein anderer, weil er Verstehensprobleme hat, ein Dritter, weil es ihm schwerfällt, Informationen ins Langzeitgedächtnis zu übernehmen, ein Vierter, weil er kaum zu animieren ist, Gehörtes in die Tat umzusetzen. Am meisten empörte sich die Professorin über ein Zertifikat, das sie zu besonderer Rücksicht gegenüber einem Studenten verpflichtete, der als erster in seiner Familie aufs College ging und somit auf keine »unmittelbaren akademischen Rollenmodelle« zurückgreifen konnte.

Das Selbstbewußtsein der Minderheiten ist an den Universitäten deutlich gestiegen. Besonders schön finde ich eine Szene, die sich an der Staatsuniversität von Bowling Green zutrug. Die Professorin verlangte, daß ein bestimmter Text gelesen werden sollte. Eine Gruppe asiatischer Studenten lehnte dies ab, mit der Begründung, daß sie diesen Text nicht kannten. Die Professorin antwortete, das sei halt das Prinzip des Lesens, daß man mit Dingen vertraut werde, die man noch nicht kenne. Daraufhin die Studenten: Vielleicht in *Ihrer* Kultur!

Mag sein, daß es solche Komplikationen waren, die in der Englisch-Abteilung der Universität von Texas zu der Überlegung führten, den Englisch-Kurs für Studienanfänger in einen Kurs über Rassismus und Sexismus umzuwandeln.

Unter den vielfältigen geistigen und kulturellen Pflanzen, die sich nach langem Entbehren endlich im Licht der Bildung entfalten dürfen, gedeiht freilich auch so manche kryptofaschistische Sumpfdotterblume. Leonard Jeffries zum Beispiel, der Leiter des Instituts für Afroamerikanische Studien am City-College von New York, macht keinen Hehl aus seinem afrozentristischen Rassismus neuer, für uns ungewohnter Art. Eines seiner hehren Ziele ist es, die amerikanische Geschichte neu zu schreiben, und zwar so, wie sie sich vom

Standpunkt der Schwarzen her darstellt. Man kann nur hoffen, daß er sie nicht persönlich schreibt, denn als Grundlage für solch große Vorhaben hat er sich eine denkbar einfache Rassenlehre zurechtgelegt. Ihm wird nachgesagt, je nach Pigmentanteil der Haut, schwarze, gemeinschaftsorientierte Sonnenmenschen von weißen, repressiven Eismenschen zu unterscheiden. Am klarsten sieht Jeffries das Wertesystem der weißen Männer im Nationalsozialismus zum Ausdruck gebracht. Was ihn aber nicht daran hindert, seinen Haß auf die weiße Rasse noch durch einen Schuß Antisemitismus zu überhöhen. So ist es ihm stets eine Erwähnung wert, ob seine weißen Kontrahenten Juden sind.

Jeffries ist auch ein vehementer Verfechter eines segregationistischen Weges der Minoritäten. Für Afroamerikaner, so schlägt er vor, muß ein eigener Lehrplan ausgearbeitet werden. Freilich weist er den Vorwurf eines schwarzen Rassismus vehement zurück. Denn aus der Ohnmacht heraus könne es Rassismus, der eine Form von Repression und damit Teilhabe an der Macht bedeute, gar nicht geben.

Fatalerweise bewirkt gerade jene Bewegung, die angetreten ist, das weiße Bildungsmonopol zu brechen, daß nun auch im Geistesleben die gesellschaftliche Rassentrennung durchgesetzt wird. In Oberlin hat der Fall Mareka Thomson für einige Aufregung gesorgt. Ihre Mutter ist schwarze Amerikanerin, ihr Vater weißer Deutscher. Als sie eine Veranstaltung im African Heritage House besuchen wollte, wurde sie nicht eingelassen. Sie war nicht schwarz genug.

Die Absonderung in Studienpläne, akademische Anforderungen und schließlich sogar Freizeitbeschäftigungen nach der jeweils eigenen Kultur führt zu einer neuen Ghettoisierung. Im Grunde genommen hat damit die Monadenlehre des amerikanischen Liberalismus eine ihrer letzten Bastionen bezwungen. Dort herrschte, freilich im Rahmen einer Bevölkerungselite, noch das Solidarprinzip der Französischen Revolution. Die Brüderlich- und sicher weniger Schwesterlichkeit des traditionellen Bildungsideals drückte sich aus im bis heute üblichen Begriff *Scientific Community*. Davon kann längst keine Rede mehr sein. Die Minoritäten können nun auch an den Universitäten machen, was sie wollen. Sie müssen dann halt auch schauen, wo sie bleiben.

Denn wer, außer wiederum nur die Universitäten und einige humanitäre Projekte, wird schon einen Doktor anstellen, der sich sein ganzes Studium hindurch nur mit afrikanischer Kultur oder Indianerkultur beschäftigt hat? Er wird ein starkes Selbstbewußtsein haben und seine Kultur nicht mehr als minderwertig empfinden. Er wird in der Lage sein, eine Liste von fünftausend Punkten zusammenzustellen, die in Amerika falsch laufen. Und er wird vermutlich in den meisten Punkten recht haben. Aber einen Job wird er nicht kriegen.

Die Sportphilosophie

Nichts in den Vereinigten Staaten lockt mehr Menschen vor den Fernsehapparat als der Super Bowl, das Endspiel im professionellen Football. Unter den zehn meistgesehenen TV-Sendungen der amerikanischen Geschichte sind acht Super Bowls. Die Fernsehübertragung dauert einen halben Tag, dreimal so lange wie das Spiel. Der Rest der Zeit ist nötig, um die milliardenschwere Werbung unterzubringen, die bei diesem Spiel anfällt. Will man im Stadion dabei sein, muß man sich Monate vorher um eine Karte bewerben und auf die Preislage der Salzburger Festspiele einstellen.

Die wichtigste und prestigeträchtigste Disziplin im amerikanischen Bildungswesen ist der Sport. Einen guten Sportler kostet das Studium keinen Penny. Er wird mit Stipendien gleichsam überschüttet. Die Frage ist freilich, ob er neben seiner Sportkarriere noch Zeit findet zum Studieren. Bekannt wurde der Fall des Basketballspielers Billy Ray Bates, der das Kentucky State College abschloß, ohne fließend lesen zu können. Aber darauf wird bei den Sportstudenten nicht so geachtet. Sie haben eine andere Aufgabe. Und die Kollegen, vor allem die Kolleginnen, sind dazu da, sie zu unterstützen. Sie können zu Spielbeginn und während der Unterbrechungen bei der Marschkapelle mitblasen oder als »cheerleader« nette Kunststückchen vorführen und das Publikum anfeuern. In einem Schul- oder Universitätsstadion darf es keinen Moment ohne Attraktion geben. Ob eine Mannschaft erfolgreich ist, kann man auch daran ermessen, mit wieviel Werbung das Spiel garniert ist.

Früher habe ich mich, wenn es um eine mir unbekannte Universität ging, immer erkundigt, ob sie liberal oder konservativ sei. Jetzt frage ich, für welche Art von Sport sie berühmt ist. Ich habe nämlich festgestellt, daß es einen großen atmosphärischen Unterschied macht, ob das Herz des Campus von einer Football-, einer Baseball- oder einer Basketballmannschaft gebildet wird.

Football ist beherrscht von vorprogrammierten Muskelmännern, die sich nach einer bestimmten Taktik gegenseitig über den Haufen rennen und oft die schwersten Verletzungen zufügen. Einmal war ich von Footballspielern zu einer Party geladen. Da konnte ich dann einen Abend lang erleben, wie die Männer zu lauter Musik Bier in sich hineinschütteten und den Mädchen beim Tanzen zusahen.

Basketball wiederum verkommt immer mehr zum Festival der Hünen. Wenn bei einem Spiel nicht hundert Körbe geworfen werden, will das Publikum das Geld zurück. Die Basketballspieler werden wie Zuchtstiere taxiert. Ihre Leistungen werden von der High School an auf die Kommastelle genau berechnet. Bei den College- spielen sitzen die Einkaufsmanager mit endlos langen Tabellen und versuchen herauszufinden, welche Spieler sich in aufsteigender und welche in absteigender Form befinden.

Für Baseball begann ich mich zu interessieren, weil auf dem Spielfeld nicht viel passiert. Und es dauert eine Zeit, bis man versteht, daß das Wenige, was passiert, oft sehr raffiniert ist. Baseball, erstmals 1778 von George Washingtons Revolutionstruppen gespielt, ist ein Stück altes Amerika. Baseballfans sind leiser als Footballfans. Sie haben mehr Geduld und mehr Sinn für die Feinheiten ihres Sports. Auch können sie stundenlang diskutieren, über die kleinste Kleinigkeit. Nicht die schlechteste Haltung für Demokraten.

Durch eine ausgezeichnete Football-, Baseball- oder Basketballmannschaft kann sich eine High School, ein College oder eine Universität einen Namen machen. Die Sportmannschaften sind Werbeträger in den ständigen Feldzügen um private Sponsoren. Anfangs habe ich mich über die hohe Bedeutung des Sports im amerikanischen Bildungswesen mokiert. Mittlerweile habe ich das System verstanden: Wenn die Kraftmenschen erfolgreich sind, bekommen die Philosophen mehr Geld.

Jackie Robinson

Ein Baseballspieler hat zwar zuweilen einen gefährlich aussehenden Prügel in der Hand, aber dieser, so stellt sich im Laufe des Spiels heraus, wird ausschließlich gegen einen Ball eingesetzt und ist völlig harmlos gegen die Angriffswaffen eines Fußballspielers. Millionen junger Amerikaner träumen davon, professionelle Baseballspieler zu werden. Wem es gelingt, bis in die amerikanischen Hauptligen, die National League und die American League, aufzusteigen, der ist ein gemachter Mann. Baseballspieler, das ist einer jener schillernden Berufe, bei denen die soziale Herkunft keine Rolle spielt.

Als Jackie Robinson 1947 seinen Vertrag bei den Brooklyn Dodgers unterschrieb, gehörte er schlagartig zu den umstrittensten Menschen Amerikas. In der Nationalliga spielten damals sechzehn Mannschaften. Aber ob die Spieler nun die Bälle warfen, fingen, mit dem Stock wegschleuderten oder ihrer Mannschaft eine Basis erliefen, in einem unterschieden sie sich von Jackie Robinson: Sie waren alle weiß, er war schwarz.

Wäre es nach dem Willen der meisten Eigentümer, Trainer, Funktionäre und Fans gegangen, wäre Jackie Robinson nicht nur der erste, sondern auch der letzte Schwarze in der amerikanischen Nationalliga gewesen. Aber Jackie war ein erstklassiger Spieler – und die schwarzen Spieler waren billiger. Wenn der soziale Fortschritt dem Geschäft dient, hat er überraschende Verbündete.

Robinsons Aufstieg zum nationalen Stein des Anstoßes war mit dem Leben und Tod zweier Bürger aus Ohio verknüpft. Der eine war Branch Rickey, der Präsident der Brooklyn Dodgers, der sich, mit einer Mischung aus Geschäftssinn und Anständigkeit, für Robinson einsetzte. Seine Eltern waren fundamentalistische Farmer, die ihm am Sonntag das Baseballspiel verbaten. Der andere war ein alter, grantiger Rassist: Judge Kenesaw Mountain Landis. Er war 25 Jahre lang die mächtigste Figur im amerikanischen Baseball. Erst sein Tod öffnete Robinson den Weg in die Hauptliga.

Jackie Robinson war sich seiner Rolle bewußt. In New Orleans kam es einmal während des Aufwärmens zu einem Jubel schwarzer Zuschauer, die sich dafür bedankten, daß ihnen ein neuer Stehplatzsektor geöffnet wurde. Robinson lief hin und beschimpfte sie. Es ärgerte ihn, daß sie sich für halbherzig gewährte Rechte bedankten, als wären sie Geschenke.

Als Robinson das erste Mal in der National League spielte, traten die Dodgers gegen die St. Louis Cardinals an. Doch die Spieler aus St. Louis weigerten sich, aufs Feld zu kommen. Sie mußten unter Androhung von Strafen und Sperren dazu gezwungen werden. So lange liegt das amerikanische Apartheid-System noch nicht zurück.

Robinsons Bedeutung lag keinesfalls nur darin, daß er die Rassenschranke auf dem Spielfeld durchbrach. In der ersten Baseball-liga zu spielen, hieß ja auch, mit den Weißen im selben Autobus zu fahren und im selben Hotel zu übernachten. Und das war in einigen Bundesstaaten die wesentlich größere Provokation.

In seinem Privatleben war Robinson glücklos. Er kämpfte und litt mit seinem Sohn, der heroinsüchtig aus dem Vietnamkrieg zurück-gekommen war. Als sein Sohn die Sucht endlich überwunden hatte, verunglückte er bei einem Autounfall. Jackie Robinson hat sich von diesem Schlag nie erholt. Mit 53 Jahren war sein Haar weiß, er litt an Diabetes und zu hohem Blutdruck, hatte einen Herzinfarkt überlebt und war am Erblinden. Er starb 1972.

Jackie Robinson bekam schon zu Lebzeiten einen Ehrenplatz im Baseballmuseum von Cooperstown, im Bundesstaat New York. Das Museum enthält aber nicht die ganze Wahrheit. Der Frage, wo Jackie Robinson eigentlich so gut Baseballspielen gelernt hat, wird nur nebenbei Beachtung geschenkt.

1920 wurde in Kansas City die Negro National League gegründet, die es bis 1955 gab. Vermutlich zählen einige der damaligen Spieler zu den größten Baseballspielern überhaupt. Sie hatten bloß keine Chance, es zu beweisen, weil die schwarzen Clubs gegen die Weißen nicht antreten durften. 1993 soll in Kansas City ein Museum eröffnet werden, das die schwarze Baseballgeschichte darstellt. Eine der erfolgreichsten schwarzen Mannschaften waren die Kansas City Monarchs. In ihren Reihen spielte einst ein vielversprechender junger Mann namens Jackie Robinson.

Kleinigkeiten

Das Echte

Woran erkennt man eigentlich, in welchem Land man sich aufhält? An der Sprache, einverstanden. Aber wenn die Sprache auch anderswo gesprochen wird? Dann tut man sich zumindest in den Industriestaaten schwer – denn die sehen alle sehr ähnlich aus.

Einmal brachte ich aus Frankreich etwas »Typisches« mit. Doch zu Hause gab es im Supermarkt französische Wochen, bei denen mein Geschenk nicht nur angeboten wurde, sondern auch noch billiger war.

Dennoch, auch die Industrieländer entwickeln Eigenheiten. Meist nichts besonders Spektakuläres. Dinge, die auffallen, die einem merkwürdig, lächerlich oder komisch erscheinen. Verhaltensweisen, die den Rahmen des Bildes, das wir uns von der Welt gemacht haben, übersteigen.

Man sucht die Welt immer außerhalb der Komik des eigenen Landes und ist dann enttäuscht, wenn man statt der Welt nur andere Komik findet. Aber wo ist das Echte? Man traut einer Kultur, die millionenfach in Geschäften angeboten wird, einfach nicht zu, daß sie echt sein soll.

Hinter dieser Haltung, die sich über den Massenramsch mokiert, steckt die alte Arroganz des Bildungsbürgers. Letztlich kann er für seinen Echtheitsfimmel nichts ins Treffen führen, als seine Unfähigkeit, sich den Ramschkäufern verständlich zu machen.

In Helena, der Hauptstadt von Montana, wird mit Stolz darauf verwiesen, daß die Hauptkirche eine Nachbildung der Wiener Votivkirche sei. Nur wer die Votivkirche nicht kennt, kann über die simplifizierende Nachbildung staunen. Wer sie allerdings kennt, wird noch mehr staunen. Denn die Votivkirche ist selbst schon eine gotische Nachbildung aus dem 19. Jahrhundert. Was ist nun echter, die Kopie oder die Kopie der Kopie?

Nur ein Europäer kann so fragen. Nicht die Echtheit zählt, sondern der Erfolg. Das Erstaunliche an der amerikanischen Massenkultur ist die Einheitlichkeit, mit der sie sich umsetzt.

Essen ist in den USA weitgehend etwas, was man in rasanter Geschwindigkeit hinter sich bringt. Ausführliche Abendessen, bei denen man einen Gang nach dem anderen serviert und dazwischen über Gott und die Welt redet, sind nicht häufig und scheinen vor allem den Feiertagen vorbehalten zu sein. Die Massenverköstigung ist den Fast-Food-Restaurants auferlegt, von denen es so viele gibt, daß das Straßenbild der amerikanischen Städte in erster Linie von der Monotonie ihrer Reklametafeln bestimmt wird. Zählt man noch die paar Benzinfirmen und Supermarktketten dazu, die sich das amerikanische Konsumleben aufgeteilt haben, dann hat man jene öde Mischung beisammen, die über Kilometer die Haupteinfahrtsstraßen der amerikanischen Städte okkupiert. Mancher Ort fängt so an und hört so auf, und dazwischen war nichts als genau das.

Nicht daß die Städte damit glücklich sind. Kaum haben sie etwas mehr Geld, und sei es geliehenes, beginnen sie ihre Individualität aus dem Einerlei der Erdgeschosse heraus in den Himmel zu meißeln. Houston, Dallas, Pittsburgh, Denver, Detroit – nicht, was auf der Erde sich abspielt, gibt diesen Städten ihr Gepräge, sondern ihre Skyline.

Airforce No. 1, so heißt die Maschine des amerikanischen Präsidenten. Seit kurzem ist es, auf Bestellung von Präsident Reagan, eine speziell ausgerüstete Boing 747. Es gibt einen eigenen Koch auf dieser Maschine, der von ABC interviewt wurde. Er erzählte, wie er bei Auslandsbesuchen den Gaumen des Präsidenten auf die Küche des Gastgeberlandes einzustimmen versuche. Kaum habe der Präsident aber die Maschine zum Rückflug in die Heimat bestiegen, werden ihm, damit er sich wieder richtig zu Hause fühle, Hot Dog oder Hamburger serviert.

Hexen und Truthähne

Bis spät in die Nacht sind die Spukgestalten unterwegs, die Teufel, Vampire, Hexen, Geister, Zombies, Skelette und Grufties. Leichen baumeln an den Bäumen, der Sensenmann steht vor einem frisch ausgeschachteten Kindergrab und wartet auf sein nächstes Opfer. Über einem Lagerfeuer an der Straßenecke rührt eine Hexe ihren Zaubertrank aus Fröschen, Schlangen, Fliegen und Ratten. Die Veranden der Häuser sind mit Spinnennetzen verklebt, die Eingänge mit flackerndem Kerzenlicht beleuchtet. Wer sich ihnen nähert, kann schauriges Hohngelächter hören, den Originalton aus Horrorfilmen.

Das ist kein Szenario der Trivialliteratur, sondern eine adäquate Beschreibung dessen, was sich am Abend des 31. Oktober in amerikanischen Kleinstädten abspielt und Halloween genannt wird. Es ist ein von Jung und Alt mit Eifer gepflegter synkretistischer Kult, in dem völlig unterschiedliche Traditionen der Einwanderer zusammengefunden haben.

Halloween ist vor allem ein Faschingsfest. Wochenlang waren die Geschäfte voll mit Masken und Kostümen. Nun werden sie allerorten benutzt, nicht nur von Kindern. Auffällig ist die Vorliebe für das Schaurige, für Spuk- und Geistergestalten, für Symbole des Todes und des Tötens.

Und dann fällt dieses massenhafte Auftreten von orangefarbenen Kürbissen auf. Ab Mitte Oktober sind sie plötzlich da. Und sie sind überall. Selbst die Zuckerl, die einem angeboten werden, sind orange und haben Kürbisform. Aber erst zu Halloween treten die Kürbisse richtig in Aktion. Bei Einbruch der Dunkelheit stehen sie als leuchtende Köpfe vor den Häusern. Sie schauen grimmig drein. In ihrem Inneren brennen Kerzen. Die leuchtenden Köpfe waren einst ausgehöhlte Rüben, in denen die irischen Einwanderer ihre Allerseelenlichter abbrannten.

Will man am 31. Oktober ein Geschäft, eine Bibliothek oder ein Amt finden, in dem keine Hexe tätig ist, muß man Glück haben. Denn Halloween ist auch der Tag der Hexen. Er wird von Frauen unterschiedlichster Berufe mit Liebe und Ausdauer begangen. Die vielen Feuer, die am Abend brennen, erinnern aber nicht nur an Hexenzauber und -verfolgung, sondern auch an die Kartoffel- und Sonnwendfeuer, mit denen die Kelten zum Winterbeginn die Geister beschworen.

Früher gab es arme Menschen, die ihr Auskommen dadurch fanden, daß sie sich gegen Brot oder Geld verpflichteten, für die Toten des Hauses zu beten. Daraus hat sich der Brauch entwickelt, daß die Kinder am Halloweenabend maskiert von Haus zu Haus ziehen und »trick oder treat« sagen, woraufhin sie Zuckerl bekommen. Die Losung bedeutet sinngemäß: Behandle mich anständig, oder ich spiele Dir einen Streich. Und so füllen sich die Säcke der Kinder. Aber es wäre nicht Amerika, würden nicht manche die Zuckerlkollekte rationalisieren. Sie fahren ihre Kinder gleich mit dem Auto von Haus zu Haus.

Das vor allem ist es, was Halloween heute bedeutet: Es ist eine Art Feiertag der amerikanischen Zuckerl- und Maskenindustrie – und natürlich der Zahnärzte.

Kaum sind die Kürbisse verschwunden, kommen die Truthähne dran. Ende November müssen gleich achtzig Millionen Truthähne ihr Leben lassen. 1990 landeten etwa 100000 von ihnen in der arabischen Wüste. Am Thanksgiving-Tag, dem traditionellen Familienfest, für das man notfalls quer durch den Kontinent reist, werden nur Truthähne verspeist. Die Ausnahme habe ich nicht gefunden.

Der Kürbiskuchen, die Einheitsnachspeise zu Thanksgiving, lag mir noch schwer im Magen, da begann man Weihnachten zu spielen. Schon Anfang Dezember findet man vor beinahe jedem Haus einen elektrisch beleuchteten Christbaum. Es ist, als gäbe es nur mehr die Farben rot, weiß und grün.

In den Fenstern brennen Kerzen (für den Weihnachtsmann und 1990 auch für die Soldaten am Golf), Häuser und Bäume sind mit blinkenden Leuchtgirlanden überzogen. Alles glitzert und flackert und verbreitet über Lautsprecher elendiges Weihnachtsgesingsel. Das Land verwandelt sich in eine einzige Diskothek.

Allerdings gilt es, die Augen offenzuhalten, sonst stolpert man leicht über Jesuskinder, Kamele, heilige Josefi, Schnee- und Weihnachtsmänner, die als wahres Millionenheer über das Land hereinbrechen und alle strategischen Punkte besetzt halten. Zum Glück haben die meisten ein strahlendes Innenleben.

Sehr empfehlen kann ich die umweltfreundlichen Christbäume. Die Äste sind aus Plastik. Man kann sie in beliebiger Menge und in beliebigem Abstand in die vorgestanzten Löcher eines Mastes stecken. Sie verbreiten einen Hauch von Ewigkeit.

Wahltag

Ob auf ABC, CBS oder NBC, die Moderatorinnen hatten blonde, aufgebauschte Dallas-Frisuren und trugen knallrote Blazer. Das war nichts Neues. In Ohio war nicht einmal das Ergebnis der Gouverneurswahl neu. Ich habe es ein paar Tage vorher in der Zeitung gelesen, auf den Prozentpunkt genau. Das Rennen um die Nachfolge des amtierenden Demokraten Richard Celeste, dessen Amtszeit auslief, hat der Republikaner George Voinovich gewonnen.

Seine Siegerrede vor dem Kapitol in Columbus ist eine Erwähnung wert. Kaum hatte er, erwartungsgemäß mit hochgeworfenen Händen, das Podium betreten, verwies er auf die stark geschminkten, lebenden Überreste seiner Mutter. Mit sicherem Instinkt für politische Grundsatzfragen dankte er ihr dafür, daß es ihn überhaupt gibt. Dann legte er mit feuchten Hundeaugen seinen Lebensweg in die Hände des körperlich schon restlos verschwundenen Vaters. Von dem stammt nämlich die ebenso schlichte wie erfolgreiche Lebensmaxime: George, do a good job!

Ein Blick auf sein Redemanuskript machte Voinovich klar, daß nun eine Frau zu küssen sei, und zwar die, die schon die ganze Zeit an seinem rechten Arm hing und sich Freudentränen in die offenen Mund hineinrinnen ließ. Protokollgemäß küßte er sie auf das Mikrophon. Und so konnten wir alle hören, was sie ihm zuflüsterte: Ich bin so stolz auf Dich!

Anstatt die Gelegenheit zum Rückzug zu nutzen, oder sich endlich um das verschreckte Kind zu kümmern, das da noch herumstand, brachte der Sieger auch noch seinen Großvater ins Gespräch. Dieser habe kein Wort Englisch gesprochen – und dennoch sei der Enkel nun Gouverneur von Ohio. »In welch großartigem Land leben wir«, rief er aus. Ich weiß nicht, warum mir in diesem Moment der Name Watzlawick einfiel.

Mitten in dieser gehaltvollen Rede fuhr plötzlich ein Auto über eine Bergstraße, war dann aber eine Zahnpaste, später ein Hamburger, und so ging das dahin, bis mich wieder die Blonde im roten Blazer anlachte und zu Wahlen einlud, die ein paar tausend Kilometer weiter stattgefunden hatten. Es gelang mir nicht, in Erfahrung zu bringen, welche Verwandten sonst noch ins Spiel gebracht wurden und welche Rolle dem verschreckten Kind zukam.

Diese Darstellung ist auch trügerisch. Denn im Schatten der mit 25 Milliarden Dollar finanzierten Gouverneurskampagnen wurden Generalstaatsanwälte, Rechnungshofchefs, Staatssekretäre, Kongreßabgeordnete für beide Häuser und viele andere Positionen in Direktwahl besetzt. Vor allem wurden an diesem Tag tausende politische Fragen beantwortet, die den meisten Europäern nicht einmal gestellt würden. Ob es in der Stadt Lorain ein Casino geben soll, in

Oberlin eine neue Schulsteuer, in Alaska Marihuana, ob den Feuerwehrleuten von Akron ein höhere Gehalt zusteht und ob eine bestimmte Bar in Cleveland Alkohol ausschenken darf.

Sie darf. Die Feuerwehrleute bekommen mehr Geld, doch Lorain kein Casino. In Oberlin zahlen sie freiwillig mehr Steuer. Aber Marihuana ist in Alaska nunmehr verboten.

Badesitten im mittleren Westen

Als ich in Pennsylvania Studenten des langen und breiten erklären mußte, was ein FFK-Strand ist, wurde ich zum ersten Mal stutzig. Ja, sagte ich, die sind wirklich ganz nackt. Nein, sagte ich, das ist nicht verboten. Ich meinte, in einer ansonsten aufgeklärten Welt zufällig in ein schwarzes Loch hineingeraten zu sein. Ich begann meine erste kulturpolitische Aktion vorzubereiten: Mit einer Schar Nackter beiderlei Geschlechts wollte ich eine Sauna stürmen. Ich roch schon den Angstschweiß der sittlich schockierten Badehosen. Doch ich fand nicht die Menschen, die mitmachten.

Bei einem Urlaub am Eriesee fühlten wir uns von Wendehälsen verfolgt. Ständig drehten sich Leute nach uns um. Wieder dachte ich anfangs an Zufall. Doch bald war nicht mehr zu übersehen, daß meine Frau zeitweilig die einzige Bikiniträgerin war. Solch öffentliche Prostitution paßt zu jungen Hollywoodtraumweibchen, die noch ihre grünen Schnäbel zusammenstecken. Aber Mütter haben gefälligst hochgeschlossene Badeanzüge zu tragen und darüber womöglich auch noch ein T-Shirt, das sie den ganzen Tag nicht mehr ausziehen.

Als ich einmal, wie man das in Europa tausendfach sieht, unter dem Badetuch die nasse Hose gegen eine trockene wechselte, kam ich mir vor, als hätte ich öffentlich einen Geschlechtsverkehr vollzogen. Nicht daß uns jemand auf irgend etwas je aufmerksam gemacht hätte. Der wahre Puritaner will von solchen Dingen nicht einmal sprechen.

Selbstverständlich baden auch Kinder nicht nackt, da mögen sie noch so klein sein. (Bei den ganz Kleinen, ich spreche aus peinlicher Erfahrung, mag das noch einen hygienischen Sinn haben.) Aber warum stecken auch kleine Mädchen in Badeanzügen? Inzwischen bin ich klüger. In Ohio gibt es ein Gesetz, das Mädchen ab fünf

Jahren vorschreibt, Oberteile zu tragen. Und die Jüngeren üben wahrscheinlich nur das Älterwerden.

Um Menschen, vor allem Kinder, vor sittlichen und körperlichen Gefährdungen zu schützen, wurde eine Paragraphenflut geschaffen, so einengend und vorschreibend, daß sie gelegentlich selbst schon eine Gefährdung darstellt. Kaum waren wir vor lauter Scham über unsere europäische Verderbtheit ins Wasser geflüchtet, wurden wir von der Frau Bademeisterin auch schon wieder herausgepfiffen. Es gibt ein Gesetz, das Kindern das Tragen von Schwimmflügeln verbietet. Erlaubt sind nur Schwimmwesten. Ich versuchte der Frau (und später noch vielen anderen Bademeistern) zu erklären, daß unsere Kinder schon seit drei Jahren wie die Engel schwimmen. Vergeblich. Aber ohne Schwimmflügel durften sie ins Wasser. Wir mußten sie ständig retten, weil sie zu ihrer eigenen Sicherheit ihren Sicherheitsbehelf nicht tragen durften.

Wenn einem Strand auch noch ein Kinderspielplatz angeschlossen ist, betrete ich die Anlage nur mehr mit Rechtsanwalt. Ich sehe sonst keine Möglichkeit, meine Kinder gesetzeskonform durch die vielen Verbote zu schleusen, die allein beim Sandspielen, Schaukeln und Rutschen anfallen. Aber was wären die absurdesten Gesetze ohne die US-Bürger, die bravsten Staatsbürger der Welt, die sich auch noch daran halten.

Der Collect Call

Wenn Sie in die USA kommen, lassen Sie die Schillinge zu Hause. Sie erparen sich viel Ärger damit. Keine Bank wird die Noten ihrer österreichischen Schwestern wollen. Sie werden Ihre Tausender gegen das Licht halten, als kämen sie frisch aus dem Fotokopiergerät. Seien Sie froh, daß Sie nicht gleich der Polizei übergeben werden für diese Frechheit, mit dem Geld eines Kleinstaates in der Bank eines Weltreiches zu erscheinen. Wenn Sie ein eigenes Konto in Amerika haben, können Sie es mit einer Wartezeit von zwei bis drei Wochen, in denen Ihre Schillinge weiß der Teufel wohin geschickt werden, gerade schaffen. Ansonsten ist es schlicht unmöglich, einen Tausendschillingschein in Dollarscheine zu tauschen.

Sie müssen also am Abend, wenn es billiger ist, in Österreich bei einem Freund anrufen und Ihr finanzielles Problem klären. Aber damit beginnt Ihr Problem erst. Wenn Sie in den USA eine Telefonnummer haben, spielt das Telefonnetz alle Stücke für Sie. Sie können von jeder Telefonzelle zum Preis und auf Rechnung Ihrer Privatnummer telefonieren. Die Gebühren sind wesentlich billiger als bei uns und spezielle Vorteilskarten für Auslandsferngespräche werden Ihnen quasi nachgeworfen. Aber wehe Sie haben keine amerikanische Telefonnummer und begnügen sich nicht mit amerikanischen Gesprächspartnern.

Zuerst müssen Sie mit dem operator, meist einer Frau, verhandeln, die Ihnen erklären wird, daß Sie für drei Minuten zum Nachttarif 29 Quarters in den Apparat werfen müssen. Da Sie nicht zufällig 29 Quarters in der Tasche haben und mit Sicherheit in der Gegend zur Nachtzeit niemanden auftreiben, der Ihnen sieben Dollar in Quarters wechselt, werden Sie versuchen, den Preis für ein kürzeres Gespräch zu bekommen. Die Verhandlungen werden vergeblich sein. Auch wenn Sie dem Partner nur sagen wollen, er soll eine bestimmte Nummer zurückrufen, Sie werden für drei Minuten bezahlen müssen.

Sie fahren zum nächsten Restaurant und lassen dort bei der Kellnerin allen Charme spielen, bis sie eine Rolle Quarters rausrückt. Wenn Sie wieder bei Ihrem Apparat sind, bekommen Sie eine andere Vermittlerin an die Leitung, die Ihnen erklären wird, daß von der Telefonzelle, in der Sie stehen, ein Gespräch nach Österreich gar nicht möglich ist. Sie müssen, wird sie Ihnen erklären, das Telefon einer Long Distance Gesellschaft, wie AT&T, aufsuchen. Sie werden aber schon eine solche Wut haben, daß Sie der armen Angestellten die Unzulänglichkeiten ihres Betriebs und der Welt überhaupt vorhalten, was freilich Ihrem Telefongespräch nach Österreich nichts nützen wird.

Nicht aufgeben. Beruhigen Sie sich, trinken Sie von mir aus eine Flasche Bier, aber bitte nicht gleich auf der Straße. Sie atmen durch und rufen noch einmal an. Sehen Sie, wieder eine neue Vermittlerin, der Sie Ihr Problem in flehendem Ton erklären können. Sie werden ihr so leid tun, daß sie Ihnen die Möglichkeit eines Collect Calls vorschlägt, eines Anrufs, bei dem der Angerufene zahlt. Sie werden nicht sagen, daß Sie das schon hundertmal tun wollten, aber genauso oft sei Ihnen erklärt worden, mit Österreich gehe das nicht. Ein Strohhalm, werden Sie denken, und geduldig warten.

»Fernvermittlung Wien«, hören Sie plötzlich in der Leitung. Jetz▌

heißt es dran bleiben und alles an Überzeugungskraft aufbieten, was Sie nur aufbieten können.

»Collect Call von Amerika nach Österreich gibt es nicht«, wird Ihnen der Mann mit unverwechselbarem Wiener Akzent sagen. Sie werden ihm Ihr Problem des langen und breiten schildern und werden merken, wie er sich zu freuen beginnt. Irgendwann wird er sich nicht mehr halten können vor Begeisterung, daß diese Amerikaner, die immer behaupten, sie hätten das modernste Telefonsystem der Welt, einen solchen Palawatsch beisammen haben. Das ist der Moment, wo Sie ihn packen müssen. Sie müssen ihn privat kriegen. Denn öffentlich darf er keinen Vermittlungsauftrag für Sie erledigen. Aber privat kann er ein netter Mensch sein und es doch tun. Sie geben ihm die Nummer Ihrer Telefonzelle und die Nummer Ihres Freundes und erzählen ihm so nebenbei die wildesten Geschichten, die Ihnen einfallen. Wenn dabei österreichische Postler eine gute und amerikanische Telefongesellschaften eine schlechte Rolle spielen, wird das Ihrem Telefongespräch nur nützen.

Und irgendwann, wenn Sie es nur schaffen, ihn bei der Leine zu halten, wird er Ihnen sagen, daß er es eigentlich nicht machen darf, aber privat ein netter Mensch sei und es deshalb, nett wie er sei und ganz ausnahmsweise, doch tun werde. Sie werden auflegen und nach kurzem wird Sie Ihr Freund zurückrufen, und Sie werden ihm auf seine Kosten viel zu erzählen haben, bevor Sie zum Kern der Sache kommen.

Hundspolitik

Der österreichische Schriftsteller Alexander Widner lebte einige Jahre in Kalifornien, zuletzt in Sacramento. Er ließ sich von Blitzbesuchern aus der Heimat, die schon ein paar Tage später die Wahrheit über die Vereinigten Staaten erzählen wollten, nicht in Verlegenheit bringen. Statt zum Kapitol oder zum historischen Wildwestviertel, wo man sich in der Kleidung des vorigen Jahrhunderts fotografieren lassen kann, schickte er sie auf den Hundefriedhof. Wenn sie das gesehen hatten, erschienen ihnen die Ehrengräber auf dem Wiener Zentralfriedhof wie Wegmarken des Vergessens.

Amerikanische Hundefriedhöfe sind Weihestätten innigster Zuneigung, Paradiesgärten der Blumenzucht, postmoderne architektonische Laboratorien, Reservate phantastischer Reimkunst. Was immer an Herzergreifendem denkbar ist, bei der Bestattung von Hunden wird es realisiert.

Die Menschen hingegen werden in gewöhnlichen Wiesen verscharrt, ohne Grabeinfassungen, ohne Blumen, ohne Zierrat. So mancher der aus dem Rasen ragenden Grabsteine versucht wenigstens durch Größe, Schliff oder besondere Lettern einen dezenten Hinweis auf die Brieftasche des Verfaulenden zu geben. Würde nicht da und dort ein Sternenbanner Wache stehen, man könnte meinen, die Begräbnisstätte sei längst außer Dienst gestellt. Auf den ersten Blick ist hingegen erkennbar, wo der Hund begraben liegt.

Die Amerikaner lieben ihre Hunde. Das haben sie mit den Wienern gemeinsam. Doch sind die Wiener zu den Hunden ebenso halbherzig wie zu den Menschen. Sie lieben die Menschen nur, wenn sie tot sind, und sie lieben die Hunde nur, solange sie leben. Das heißgeliebteste Schnuckelchen wird, kaum hat sein Fell das letzte Mal gezittert, wie ein räudiger Köter verscharrt oder gar an die Tierkadaververwertung geliefert. Kein Tempel ewiger Erinnerung, kein Blumenbeet, nicht einmal ein Plastikknochen als Grabbeigabe wird ihm zur letzten Ruhe gegönnt.

In den Vereinigten Staaten ist es gerade das Menschliche, das an den Hunden geschätzt wird. Entsprechend zuvorkommend und einfühlsam werden sie behandelt. Und sie geben die Zuneigung hundertfach zurück. Sie sind, im Gegensatz zu den Urhorden des Zwischenstromlands, die letzten wirklichen Humanisten. Natürlich ist ihnen damit ein bedeutender Platz in der Politik sicher.

Versuchen wir uns vorzustellen, daß François Mitterand, Richard von Weizsäcker oder Franz Vranitzky in Nadelstreif und weißem Manschettenhemd unter einem Hund liegen. Nein? Wir wissen ja nicht einmal, ob Mitterand, Weizsäcker oder Vranitzky einen Hund haben, schon gar nicht kennen wir dessen Namen. Und da wollen sich die Europäer für Politik interessieren?

In den USA nimmt man Politik sehr genau. Daher liegt George Bush im Nadelstreif auf dem Rasen und läßt gleich eine ganze Meute von Hunden auf sich herumtanzen, die ihm das feine Tuch beschmutzt und das Gesicht leckt. Der Präsident beginnt vor Vergnügen zu jaulen. Diese herrlichen Bilder signalisieren den engen und ungezwungenen Umgang des Präsidenten mit seinen Beratern.

In New York ist ein Buch erschienen, in dem alles drinnen steht, was man wissen muß. Es beginnt so: »Ich heiße Mildred Kerr Bush und trat am 13. Februar 1987 in das Leben der Bush-Familie. Ihr früherer Hund, C. Fred Bush, war am 20. Jänner gestorben, und George, der damals Vizepräsident war, wußte, daß Bar(bara) ihn vermißte.«

Das Buch stammt von der Präsidentenberaterin Millie. Jeder in den USA weiß, wer Millie ist. Sie ist bekannter als alle Minister. Sie liegt dem Präsidenten im Ovalen Büro des Weißen Hauses zu Füßen, sie hütet sein Bett im Lincoln-Schlafzimmer (wo sie auch ihre Lederknochen versteckt), sie wedelt ihm um sechs in der Früh mit den Ohren übers Gesicht und neulich hat sie Barbara Bush ihre Memoiren diktiert. Innerhalb eines halben Jahres hat das Hundsvieh mit diesem Buch 650 000,- Dollar verdient. Ich gebe ja zu, daß ich neidig bin. Ich überlege schon, was so ein Hund kostet und ob mein Finanzamt bereit wäre, ihn als Absetzbetrag meines kleinen Literaturbetriebs zu akzeptieren.

Hinter jedem erfolgreichen Politiker steckt ein Hund. Wer für George Bush gestimmt hat, hat für Millie gestimmt. Und wer seinerzeit für Ronald Reagan gestimmt hat, hat nicht nur für Nancy und diesen singenden Schauspieler (wie heißt er doch gleich?) gestimmt, sondern auch für den Pudel Lucky. Ja, wissen Sie das nicht? Haben Sie keine Zeitungen?

Jedenfalls hatte die Beraterin Lucky einmal pro Woche ihren großen Pressetermin. Während ein Assistent die Utensilien vorbereitete, zog Nancy einen weißen Arztkittel an. Und schon ging es los. Ein Zappeln, ein Schütteln, ein Striegeln, ein Bellen, ein Gepatsche und Gespritze – ein virtuoses Agieren im Blitzlichtgewitter. Am Schluß ist Nancys weißer Kittel von oben bis unten durchnäßt. Lucky darf das. Denn Lucky ist kein arbeitsloser Puertorikaner, und Lucky ist auch kein schwarzes Washingtoner Straßenmädchen.

Unsere Politiker haben noch einiges zu lernen. Es genügt nicht, für Werbeplakate mit Enkelkindern das Gras niederzutrampeln oder die Qualität Waldviertler Mostbirnbäume zu preisen. Das spricht nur den einen Teil der Bevölkerung an. Für den anderen muß man mit Hunden herumkugeln. Wer den Hund nicht ehrt, hat den Menschen verdient.

Jetzt aber Schluß

Bevor die Lust zur Satire und zu privaten Geschichten den Charakter dieses Buches gänzlich verändert, ist es wohl angebracht, einen Schlußpunkt zu setzen. Freilich gäbe es gerade aus privaten Begegnungen eine Menge Geschichten zu erzählen.

Etwa die über einen pensionierten Mann aus Akron, Ohio, der jeden Tag, wenn seine Frau ihr Mittagsschläfchen hält, mit dem Privatflugzeug fortfliegt. Sein Ziel ist eine kleine Insel im Erie-See. Dort gießt er im Zweithaus die Topfpflanzen, oder mäht den Rasen, oder vernichtet die Wiesenblumen. Dann fliegt er nach Akron zurück und kommt gerade rechtzeitig an, um seiner Frau den Nachmittagstee zu servieren. Er schwärmt von der heiligen Jungfrau Maria.

Oder die Geschichte von der deutschen Diplomgermanistin Barbara, die fast jeden Tag ein Päckchen mit deutscher Schokolade erhielt und es mit großen Klagen über das amerikanische Essen ans Herz drückte. Immer redete sie von Deutschland. Doch dann hörte sie plötzlich auf damit und in ihrem Postfach lagen keine Schokoladepäckchen mehr. Sie begann von der mexikanischen Küche zu schwärmen. Dann sah ich sie, wie sie einem Mann das schokoladenfarbene Gesicht streichelte. Sie wollte nun ein zweites Jahr in den USA bleiben.

Die Geschichte von Carma, mit der ich mich in ein Gespräch über ein im mittleren Westen wahrhaft heißes Thema einließ, nämlich über Büstenhalter, würde ich vermutlich nicht erzählen. Lieber würde ich über jene ehemalige Österreicherin schreiben, die mir auf die Frage, warum sie nach Amerika ausgewandert sei, antwortete, weil sich hier kein Nachbar über ihre ungeputzten Fenster mokiere. Ich habe diese Antwort anfangs für sehr mager gehalten, mit der Zeit aber ihren symbolischen Gehalt immer mehr zu schätzen gelernt.

Daher sollte ich auch noch jenen iranischen Physiker erwähnen, mit dem ich stundenlange Gespräche über den Golfkrieg führte. Er war ein vehementer Gegner des Krieges und vertrat die Ansicht, daß Amerika die Nachfolge des britischen Imperialismus angetreten habe. Obwohl ihm der martialische Chauvinismus ganz und gar zuwider war, lebt er lieber in den USA als in Europa. Er kennt mehrere europäische Länder aus jahrelanger Erfahrung. Den Europäern war die Tatsache, daß er Iraner ist, viel wichtiger als das, was er kann.

Bei den Amerikanern war es umgekehrt. Seine Herkunft hat dort nur die Einwanderungsbehörde interessiert.

Damals hatte gerade der amerikanische Politologe Andrei S. Markovits, der als ungarischer Jude in Rumänien geboren wurde und neun Jahre lang in Wien lebte, in der *Frankfurter Rundschau* mit dem Pazifismus und Antiamerikanismus deutscher Linker abgerechnet. Seine Einstellung zum Golfkrieg war der des iranischen Physikers entgegengesetzt. Er sah, wegen der Gefährdung von Israel, zum Krieg keine Alternative. In seiner Analyse, der ich nur teilweise zustimmen konnte, gab es einen Punkt, in dem er sich mit dem Iraner traf. Markovits, übrigens ein hervorragender Kenner Europas und keineswegs ein Lobredner Amerikas, schrieb unter anderem folgende denkwürdigen Sätze: »Für mich und meine Familie hat Europa nur Raub, Tod und Mordanschlag bedeutet, ob in Rumänien, Ungarn, Polen, Österreich und natürlich Deutschland. Für mich hat Amerika zum ersten Mal in unserem Leben Sicherheit und Geborgenheit bedeutet. Dafür bin ich diesem Land ewig dankbar.«

Leider sind solche Erfahrungen nicht jedem Einwanderer, der den Unbilden seiner Umgebung entkommen wollte, in Amerika gegönnt. Aber wenn sie dennoch von Menschen unterschiedlichster Herkunft gemacht werden, ist das ein Zeichen dafür, daß die amerikanische Gesellschaft, trotz der enormen Probleme, die dem Land entstanden sind, eine Dimension hat, die wir für unsere Zukunft erst erarbeiten müssen.

Anmerkung

Dieses Buch entstand auf der Grundlage von Artikeln, Kolumnen, Berichten und Reportagen, die ich 1990 und 1991 in den Zeitungen *AZ* und *Der Standard* sowie in der Wochenzeitschrift *Profil* veröffentlichte.

Für kritische Anmerkungen und Anregungen danke ich Egon Schwarz, Hans Zeisel, Elsa und Helmut Gutmann, Josef Schützenhofer, Laureen und Rudi Nussbaum, Maureen Langer-Devine, Almud und Anton Pelinka, Karl Schmidmayr, Steven Huff, Christian Györgyfalvay, Ingrid und Klaus Schmidt, Margy Gerber, den Studentinnen und Studenten des Salzburg-Programms von Bowling Green sowie meiner Frau Edith.

Wien, im Februar 1992